Johannes Czwalina

Wer mutig ist, der kennt die Angst

Johannes Czwalina

Wer mutig ist, der kennt die Angst

Zivilcourage statt Opportunismus – denn nur wer Stellung bezieht, ist wirklich frei

Brendow
VERLAG + MEDIEN

Gewidmet meinen Söhnen Raphael, Michael, Gabriel, David

Bibliografische Information Der Deutschen Nationalbibliothek
Die Deutsche Nationalbibliothek verzeichnet diese Publikation in der Deutschen Nationalbibliografie; detaillierte bibliografische Daten sind im Internet über www.d-nb.de abrufbar.

ISBN 978-3-86506-212-3

Einbandgestaltung: Brendow Verlag, Moers
Titelfoto: Getty Images
Satz: Satzstudio Winkens, Wegberg
Druck und Bindung: CPI – Clausen & Bosse, Leck
Printed in Germany

www.brendow-verlag.de

Wer wagt es, sich den daherdonnernden Zügen entgegenzustellen? Es sind die kleinen gelben Blümchen zwischen den Gleisschwellen.

»Ich glaube, dass, wenn die Bischöfe alle miteinander an einem bestimmten Tage öffentlich von den Kanzeln aus dagegen Stellung genommen hätten, sie vieles hätten verhindern können. Das ist nicht geschehen, und dafür gibt es keine Entschuldigung. Wenn die Bischöfe dadurch ins Gefängnis oder in Konzentrationslager gekommen wären, so wäre das keine Schande, im Gegenteil. Alles das ist nicht geschehen, und darum schweigt man am besten.«

Konrad Adenauer in einem Brief
an den Bonner Pfarrer Bernhard Custodis
vom 23. Februar 1946[1]

Inhalt

Einleitung

Warum ist Zivilcourage nötig?

Uneigennütziger Mut steht im Widerstreit zu aktuellen Verhaltensweisen unserer Zeit. Das Bedürfnis, die eigene Haut zu retten, lässt in einer Welt, die stark auf individuelles Glück ausgerichtet ist, die egoistischen Ziele siegen. So neigen viele dazu, Werte, Freundschaften, Lebensgrundsätze spätestens in dem Moment hintanzustellen, wo sie Karriere »riechen«.

Einige wenige Menschen haben in der Weltgeschichte viel erreicht, weil sie mutig waren. Francesco Guicciardini resümierte in seinen Erinnerungen an seine politischen Erfahrungen in der Republik Florenz, »dass fast immer die Wenigen Neues in Gang bringen und die Ziele dieser Wenigen fast immer den Begierden und Wünschen der Mengen entgegen sind«[2].

Das Auffällige an mutigen Menschen ist, dass sie nichts Auffälliges an sich haben.

Opportunismus und Machtgehabe sind die Gesichter der *Feigheit.* Feigheit ist das Gegenteil von Mut. Die tägliche Begegnung mit diesem Phänomen veranlasst mich, dieses Buch zu schreiben.

Nach der intensiven Beschäftigung mit den Biografien mutiger Menschen bemerkte ich keine besondere Auffälligkeit. Das Auffällige an diesen Menschen ist, dass sie nichts Auffälliges an sich haben.

Einige der Mutigen waren Menschen mit viel Selbstwertgefühl, in einem liebevollen Elternhaus aufgewachsen, mit einem gesunden Einfühlungsvermögen. Andere waren durch starke Kindheitsdefizite und Mobbing gezeichnet. Unter ihnen gab es narzisstisch veranlagte Menschen, impulsive, jähzornige, emotional verletzte Choleriker und solche, die durch mutige Taten andere Defizite kompensieren wollten. Auch Ängstlichkeit und Selbstzweifel waren Merkmale von vielen, die Mut bewiesen.

Diese Beobachtung der Uneinheitlichkeit verwirrte mich zunächst, war ich doch auf der Suche nach Anhaltspunkten, die ich anderen zum Erlernen von Zivilcourage mit auf den Weg geben kann. Andererseits beruhigte mich diese Beobachtung. Wären sie anders, könnten sie mit ihren moralischen Maßstäben wieder andere unterdrücken, wieder Urheber von Diktaturen sein, gegen die sich dann andere wieder auflehnen müssen.

Gerade diese unvollkommenen Repräsentanten halfen mir auf meiner Suche nach Erkenntnissen weiter, weil sie mich von der Messlatte unerreichbarer Vorbilder befreit haben.

So ist gerade die Angst die wichtigste Voraussetzung für Mut. Ich habe keinen einzigen mutigen, zivilcouragierten Menschen getroffen, der Angst nicht kennt. Im Gegenteil: Je mutiger ein Mensch war, desto ängstlicher war er. Ohne Angst zu kennen, können wir gar nicht mutig sein. Mut bedeutet, trotz der Angst das Richtige zu tun.

Wenn wir davon ausgehen, dass nachhaltige Veränderungen immer von innen nach außen gehen und nicht umgekehrt, dann können wir der Frage nach unserer persönlichen Authentizität, die Grundstein für jede Art von Mut und Zivilcourage ist, nicht ausweichen. Dabei kommen wir nicht an einer persönlichen Auseinandersetzung mit uns selbst vorbei. Wenn wir mutig werden wollen, müssen wir uns also mit dem Thema unserer Authentizität befassen. Sobald uns der unverzichtbare Wert unserer Authentizität bewusst wird, werden wir nur noch von einem Ziel erfüllt sein: authentisch zu leben, auch unter Druck!

Wir kommen nicht an einer persönlichen Auseinandersetzung mit uns selbst vorbei.

Mut und Zivilcourage zu beweisen ist wirklich nicht mehr als der Entschluss, auch unter Druck authentisch zu bleiben.

Ich möchte auch transparent machen, warum gelebte Zivilcourage und Integrität die bedeutenden Wurzeln für langfristiges und nachhaltiges seelisches Wohlergehen sind.

Ich habe in den letzten Jahren systematisch Hunderte von Führungskräften gefragt, was sie anders machen würden, wenn sie noch mal von vorne anfangen könnten. Die meistgehörte Antwort war Bedauern, in entscheidenden Situationen ihres Lebens nicht mehr Mut gewagt zu haben.[3]

Zivilcourage ist uns nicht angeboren. Wir tragen sie als Geschenk in uns, das wir erkennen und annehmen können.

Mut ist nicht einfach inszenierbar. In den Medien, in öffentlichen Aufrufen, in den Kommentaren, Berichten und Leitartikeln, in Predigten etc. wird couragiertes soziales Verhalten regelmäßig eingefordert. Es bleibt jedoch vielfach bei den moralischen Appellen, ohne konkrete Handlungsanleitung. Es geht um die Bestimmung des guten gegen das böse Handeln, und da fragt man sich: »Was ist gutes Handeln und was ist böses Handeln?« Gerade weil wir die Moral nicht gepachtet haben, gerade weil wir die Ethik nicht besitzen, sondern lebendig Ethik neu gesucht und ertastet werden muss (vgl. Albert Schweitzer), können wir uns nur gemeinsam auf die Suche nach Grundlagen für Zivilcourage begeben.

Zivilcourage ist uns nicht angeboren. Wir tragen sie als Geschenk in uns, das wir erkennen und annehmen können.

Johannes Czwalina
Februar 2008

1. Wahrnehmungen

Beginnen wir mit der trockenen Begriffsklärung. Für Zivilcourage und Mut gibt es unzählig viele Definitionen. Jede einzelne stellt einen wichtigen Mosaikstein für ein umfassendes Verständnis unseres Themas dar.

Was bedeuten Mut und Zivilcourage?

Zivilcourage setzt sich aus den beiden Wörtern *zivil* und *courage* zusammen. Zivil stammt vom lateinischen Wort *civilis* ab, was so viel bedeutet wie bürgerlich, nicht militärisch. Zivilcourage kann als der Mut des Bürgers übersetzt werden und bezog sich vermutlich ursprünglich auf eine bestimmte Art des Auftretens gegenüber nichtzivilen Autoritäten wie Militär und Polizei.[4] Das Wort Zivilcourage gibt es im Englischen übrigens nicht. Im Englischen ist Courage gleich Courage, egal, ob man Uniform trägt oder nicht. Englischer Mut ist »courage«. Das englische *mood* heißt neben Sinn, Gesinnung auch Laune, Stimmung, nicht aber Mut.

Im Griechischen steht für Mut und Tapferkeit der Begriff *andreia.*

Im Deutschen wird das Wort »Mut« verwendet im Sinn von Wagemut, Unerschrockenheit, Unternehmungsgeist, Kühnheit.

Das französische Wort *courage* bedeutet aber nicht nur Mut. Es ist inhaltsschwerer. Der Ursprung des Wortes courage – vom französischen *coeur* = Herz – deutet in die Richtung, wo der Mut seine Heimat hat: nicht im Kopf, sondern im Herzen. Von dorther kommen dann auch Kraft und Halt für richtige Lebensführung, wie sie nur von »innen« kommen kann und wofür selbst das kunstvollst geschnürte Korsett von äußerlich aufgesetztem Verhaltenstraining kein Ersatz sein kann.

In zusammengesetzten Wörtern bekommt der Einsilbler zahlreiche Bedeutungen, die mehr zu dem französischen als zu dem lateinischen Ursprung des Wortes eine Brücke schlagen: Im Lateinischen finden wir für Mut das Wort *animus*. Animus kann Mut heißen, bedeutet aber ähnlich wie im französischen Ursprung auch Sinn, Geist, *Gesinnung*, analog zu anima sogar Seele. Wer von einem *anmutigen* jungen Mädchen spricht, denkt nicht an Waffengeklirr, sondern an ein Wesen, das ihn »anmutet«, das mit seiner Seele an seine eigene rührt. Wir bekommen bereits bei der Begriffserklärung des Wortes Mut ein Gespür dafür, dass wir es mit einem »gefüllten« Begriff zu tun haben, so als ob in ihm die Seele einer ganzen Menschheitsgeschichte verborgen liegt, und wenn wir uns gemeinsam die Zeit nehmen, dieses Wort Mut lange genug auf uns einwirken zu lassen, könnte es uns wie in einem Märchen gehen, in dem die Bilder und Figuren plötzlich anfangen, sich zu bewegen und zu sprechen. Dann profitieren wir gemeinsam von dem Erfahrungswert einer Menschheit, die mehr Herausforderungen in Kriegen und Leid und Entbehrung erfahren musste als in den wenigen Zeiten des Friedens und der die Herausforderung zum Mut in all seinen Schattierungen keinen Moment ihrer Geschichte erspart blieb.

Lassen Sie uns noch einen Augenblick bei dieser breit gefächerten Wahrnehmung des Wortes Mut bleiben, welche sich uns besonders in seinem lateinischen Ursprung und in seiner Zusammensetzung mit anderen Silben erschließt: Wir reden beispielsweise von einem heiteren, einfachen, lebhaften »Gemüt«. Gemüt ist der umfassendere Begriff; das althochdeutsche Wort *»muot«* wurde in diesem Sinne verstanden. Die Schwermut weist auf eine düstere Gemütslage hin. Bei Großmut denken wir an einen Menschen, der alle an sein großes Herz nimmt, der beschenken und verzeihen kann. Der Freimütige hat sein Herz auf der Zunge, der

Mutwillige tut des Guten zu viel und riskiert dadurch Ärger – das kann eine Zumutung werden. Der Hochmütige, wie ich später noch erläutern werde, kann durchaus ein Feigling sein, doch wird er diesen Mangel an Mut niemals zugeben können, denn er hält sich für besser als andere. Der Unmutige kann sonst ein mutiger Mensch sein, ist jedoch vorübergehend schlechter Stimmung. Gleichmut kann eine gute Haltung sein, grenzt aber oft an Gleichgültigkeit: Wessen Herz nicht bewegt ist, kann leichter seine Ruhe bewahren. Ein Übermütiger weiß nicht, wohin mit seiner überschüssigen Energie. Er kennt nicht das Maß, und seine Hochstimmung kann schnell umschlagen.

Bleibt neben Frohmut und Langmut noch die Demut. Demut begegnet uns etymologisch erstmals in Form der »diemout« oder Dien-Mut im Sinne einer dienenden Gesinnung oder Grundhaltung. Dass diese im direkten Gegensatz zum Hochmut steht, der bekannterweise vor dem Fall kommt, bedarf kaum der Erläuterung. Bescheidenheit als gelebte Demut hat insbesondere den Mut, mit sich selbst redlich und aufrichtig umzugehen, zu den eigenen Schwächen und Fehlern zu stehen und sie damit auch dem Anderen, dem Nächsten, dem Mitarbeiter zuzugestehen. Demut ist eine Tugend, welche an Beliebtheit viel verloren hat. In den geistlichen Orden allerdings wird sie hochgehalten, zusammen mit der Armut. Armut hat zwar sprachlich nichts mit Mut zu tun. Keiner jedoch wird bestreiten, dass das Ertragen der Armut sowohl des Mutes als auch der Demut bedarf.

Vergessen wir nicht die Sanftmut, die durchaus ein Gesicht des Mutes ist. Eine chinesische Lehre, die aus einer Zeit jahrelanger Kriegsnöte herauswuchs, sagt: »Dass das Schwache das Starke besiegt, dass das Weiche das Harte besiegt, weiß jedermann auf Erden, aber niemand vermag danach zu handeln.«[5]

Zivilcourage ist die altruistische Seite von Mut

Während Mut sich entweder auf die Erfüllung der eigenen Bedürfnisse oder auf die Erfüllung von Bedürfnissen anderer beziehen kann, bezieht sich Zivilcourage immer nur auf die Bedürfnisse anderer. Zivilcourage ist sozialer Mut. Sozial mutig handeln heißt, sich freiwillig, sichtbar und aktiv für die legitimen Interessen anderer Menschen oder für allgemeine humane und demokratische Werte einzusetzen.

Zivilcourage bezeichnet ein »mutiges Verhalten, mit dem jemand seinen Unmut über etwas zum Ausdruck bringt ohne Rücksicht auf mögliche Nachteile oder eventuelle Folgen gegenüber Obrigkeiten, Vorgesetzten«.[6]

Zivilcourage ist sozialer Mut. Sozial mutig handeln heißt, freiwillig, sichtbar und aktiv für allgemeine humane und demokratische Werte, für die legitimen Interessen vor allem anderer Menschen, einzutreten.

Zivilcourage ist eine Eigenschaft im Umgang mit anderen, denen man sich öffnet und aussetzt. Sie bedeutet das Wissen um die Verantwortung nicht nur sich selbst gegenüber, sondern auch gegenüber der Gemeinschaft und Gesellschaft. Zivilcourage ist ein Handeln, das auf Mut, Gemeinsinn und Orientierungsvermögen zugleich beruht.[7]

Da wir nicht nur Unterschiedlichkeit, sondern auch Gleichheit in der Bedeutung von *Mut* und *Zivilcourage* feststellen, werden wir beide Begriffe in diesem Buch synonym zur Anwendung bringen. Aus dem Kontext wird die jeweilige Bedeutung klar hervorgehen.

Zivilcourage ist Stärke

Fortitudo ist eine der vier Kardinaltugenden (Prudentia, Temperantia, Fortitudo und Justitia), die sich im Laufe der abendländischen Geschichte unter den sieben Grundtugenden als besonders relevante und zeitlose Werte herauskristallisiert haben. *Fortitudo* bedeutet Entscheidungsstärke, Mut, Zivilcourage. Der Gegensatz von *Fortitudo* ist *Inconstantia*, was so viel bedeutet wie Unentschiedenheit oder Wankelmut.

Aristoteles bezeichnete Mut als eine Tugend. Tugenden liegen nach dem Philosophen in der Mitte zwischen zwei Extremen.

Mut liegt zwischen den beiden Extremen Feigheit und Leichtsinn. Der Mutige kann die beiden Extreme ausbalancieren. Mut oder Zivilcourage ist die aktive *Balance* zwischen Feigheit und Leichtsinn.

Zivilcourage ist in Friedenszeiten das, was in Ausnahmezeiten Widerstand ist

Dem Mut des Einzelnen in einer zivilen, bürgerlichen Gesellschaft entspricht die Gehorsamsverweigerung bis zum Widerstand in einer Gesellschaft, die überwiegend auf Befehl und Gefügigkeit setzt. Zivilcourage für eine Zivilgesellschaft ist also das Pendant zu dem, was in einer autoritären Gesellschaft Widerstand bedeutet. Sie ist die demokratische Tugend eines Bürgermuts, die durch ständige Übung, bei gleichzeitiger, schrittweiser Überwindung der Angst und des Konformismus, entsteht.[8] Nur wenn Zivilcourage im Alltag eingeübt wird, kann der Widerstand im Ausnahmefall funktionieren.

Nur wenn Zivilcourage im Alltag eingeübt wird, kann der Widerstand im Ausnahmefall funktionieren.

Dennoch kann man eine Haltung des Mutes in Friedenszeiten nur sehr bedingt mit dem Widerstand in Diktaturen vergleichen. Die Schwägerin von Dietrich Bonhoeffer schreibt in ihren Memoiren zu Recht: »Wenn heute bei uns im Westen von Widerstand gegen Nachrüstung im Vergleich mit Widerstand gegen Hitler gesprochen wird, so ist der Vergleich so unmöglich wie ein Vergleich zwischen Apfel und Stuhlbein.«

Zivilcourage ist Überwindung von Angst

Zivilcourage ist eine Handlung, die sich von der normalen Handlungsweise abhebt und die eigenen Grenzen überwindet. Darum spielt bei praktizierter Zivilcourage auch immer die Überwindung von Angst eine Rolle. Angst ist eine individuell unterschiedlich geartete Grenze, die vor gefahrvollen Handlungen schützen kann. Zivilcourage geschieht in der Auseinandersetzung mit der Angst. »Hier tut ein Mensch, was er zu tun hat – trotz aller persönlichen Folgen, trotz aller Hindernisse, Gefahren und Drohungen.«[9]

Zivilcourage ist eine minoritäre Überzeugung

Zivilcourage ist das Entstehen einer individuellen, im Verhältnis zum Zeitgeist minoritären Überzeugung. Weil am Anfang einzelne Bürger ihre Überzeugung bekannten, wurden später durch den Mut Einzelner viele bewegt und dadurch grundlegende Veränderungen bewirkt.

Zivilcourage orientiert sich an menschlichen Grundwerten und am persönlichen Gewissen.

Zivilcourage ist das Gesicht der Authentizität

Zivilcourage ist der lebendige Ausdruck von Authentizität. Zivilcourage bedeutet, Authentizität auch unter Druck zu bewahren. Sie ist der Mut, für die persönliche Überzeugung notfalls auch gegen den Zeitgeist und gegen die durch den Zeitgeist geprägte öffentliche Meinung einzustehen, auch auf die Gefahr hin, dass einem dadurch erhebliche persönliche Nachteile entstehen. Zivilcourage ist eine öffentliche und offene Meinungsäußerung. »Den Menschen und den Sachen gerade in die Augen zu sehen und sich dabei auszusprechen, wie einem eben zumute ist, dieses bleibt das Rechte, mehr soll und kann man nicht tun.«[10] So kommt auch Rainer Werner Fassbinder zu dem Schluss: »Ich werde lieber gehasst für das, was ich bin, als geliebt für das, was ich nicht bin.«[11]

Zivilcourage heißt Verantwortung übernehmen

Zivilcourage ist ein bewusstes Wahrnehmen von Verantwortung im überschaubaren, unmittelbaren und persönlichen Wirkungs- und Gestaltungskreis. Sie umfasst das Vertrauen in die eigenen Fähigkeiten, ohne die Angst vor etwaigen Reaktionen mit Problemen und Situationen umgehen zu können.[12] Wer Zivilcourage zeigt, übernimmt aktiv, freiwillig und eigenständig Verantwortung für andere und für sich selbst. Zivilcourage ist ein innewohnendes Lebensmuster, das sich in gegebenen Situationen spontan ergibt und abrufen lässt.

Wer Zivilcourage zeigt, übernimmt aktiv, freiwillig und eigenständig Verantwortung für andere und für sich selbst.

Zivilcourage ist eine Verbindung von Charakter und Persönlichkeit

Ein Mensch mit Zivilcourage zeigt, dass er um sein individuelles Gewissen und seine Verantwortungspflicht weiß, die ihm keiner abnehmen kann. Zivilcourage ist eine Tapferkeit des Herzens.[13] Diese verbindet sich beim gereiften Menschen mit dem, was seinem eigentlichen Wesen und seinem Wollen wirklich entspricht. Nur in dieser Verbindung gelangt der Mensch zu der Wirkungsqualität, die ihn in der Einwirkung auf andere wertvoll und echt macht.

Zivilcourage richtet sich in erster Linie nach Werten, nicht nach Zielen

Das Wesen der Zivilcourage besteht nicht darin, nach Erfolg zu fragen, sondern bedeutet in erster Linie, vom Wert bestimmt zu sein und sich an den Werten auszurichten. Das übergeordnete Prinzip sind die Werte und nicht die Ziele. Deswegen wird derjenige, der echte Zivilcourage leistet, diese unabhängig vom Erfolg seiner Tätigkeit ausüben. Zivilcourage zeichnet sich gerade dadurch aus, dass sie aktiv wird, ohne vom Ziel her gewiss zu sein. Das Wesen der Zivilcourage besteht nicht darin, andere Menschen um jeden Preis überzeugen zu müssen. Sondern ihr Wesen besteht in der Fähigkeit, anderen gegenüber das frei ausdrücken zu können, was man denkt und fühlt.

Zivilcourage ist für jeden verfügbar

Mut und Zivilcourage sind für jeden verfügbar. Die Fähigkeit des Menschen zum Mut macht Zivilcourage möglich, die Neigung des Menschen zur Feigheit macht Zivilcourage nötig. Der wirklich Mutige ist niemals angstlos, sondern stellt sich der ängstigenden Situation in dem Bewusstsein, verwundbar zu sein.

Schließlich ist festzustellen, dass Zivilcourage nicht verordnet werden kann. Zivilcourage entsteht immer aus persönlichem Antrieb und eigener Initiative.

Nichts ist so faszinierend wie gelebter Mut und Authentizität

Wenn ich zurückblickend überlege, was mich schon als Kind am meisten beeindruckt hatte, dann waren es Menschen, die sich mit Mut und der Bereitschaft, persönliche Nachteile in Kauf zu nehmen – bisweilen unter Einsatz ihres Lebens –, für eine gerechte Sache eingesetzt hatten. Es handelte sich um authentische Menschen, die auch unter Druck und widrigen Umständen so blieben, wie sie waren, die sagten, was sie dachten, und die lebten, wie sie redeten. Einige von diesen Wenigen kamen leider nur in Filmen oder Abenteuerbüchern vor.

Warum sind Menschen feige?

Was mich als Kind bisweilen in Konflikt mit der Erwachsenenwelt brachte, waren meine als vorlaut abgestraften Entgegnungen auf gewisse Erklärungen. Wenn ich Erwachsene auf ihre fehlende Zivilcourage in schweren Zeiten angesprochen hatte, führten sie ihre Fürsorgepflicht für die Familie ins Feld und antworteten mit: »Wir hatten ja keine andere Wahl.« Oder sie beriefen sich auf ihre Ahnungslosigkeit: »Wir haben ja im Grunde von nichts gewusst.« Sie waren also aus Selbstschutz bewusst ignorant. Oder die »besondere Situation« wurde als Ausrede verwendet: »Die Umstände haben es nicht zugelassen.« Aber wann lassen es die Umstände überhaupt zu, mutig zu sein?

Emmi Bonhoeffer reflektiert: »Es gibt in der ganzen Welt, glaube ich, keine Widerstandsbewegung, wenn es den Leuten von Tag zu Tag besser geht. Moralische Gründe und politische Weitsicht reichen nicht aus, wenn die Leute Butter auf dem Brot haben. Ich habe nach dem Krieg mal in Kärnten Urlaub gemacht und dort mit einem Bauern gesprochen. Ich fragte: ›Sie leben hier in einer fromm katholischen Gegend. Wie war das eigentlich während des Krieges? Hat der Priester Ihnen gesagt, wie wir uns in Russland benahmen, was da in Polen in den Konzentrationslagern passierte?‹ Der Bauer antwortete: ›Wir waren fünf Kinder, mein Vater arbeitslos, mein großer Bruder auch, meine Mutter arbeitete acht Stunden auf dem Nachbarhof für einen Liter Milch, und dann kam Hitler. Mein Vater kriegte Arbeit, mein Bruder auch, meine Mutter konnte zuhause bleiben, und Sie fragen, was der Priester sagte.‹ Brecht hatte es auf die kurze Formel gebracht: ›Erst kommt das Fressen, dann die Moral.‹ So ist der Mensch.«[14]

Die größten Enttäuschungen erlebte ich mit Menschen, die gekniffen haben, wenn es auf sie ankam. Es handelte sich um sogenannte Freunde, die plötzlich nicht mehr da waren, wenn man sie brauchte, weil ihnen das Aufrechterhalten der Freundschaft Nachteile brachte. Sie tauchten unerwartet unter, weil ihnen Machtpositionen und Anerkennung plötzlich mehr bedeuteten als die Verbindlichkeiten einer Freundschaft. Es gab eine Menge guter Kollegen, denen ihre Karriere wichtiger war als persönliche Werte, von denen sie vorher ihr Persönlichkeitsprofil ableiteten. Natürlich hatten alle immer eine plausible Erklärung parat.

Es gab eine Menge guter Kollegen, denen ihre Karriere wichtiger war als persönliche Werte.

Von einem Unternehmensberater wurde mir Folgendes berichtet: Wenn ein Vorstand in seinem Unternehmen in Ungnade fällt, kann er sich kaum auf seine Freunde verlassen. Wenn es für die anderen Nachteile bringt, sich hinter seine Person zu stel-

Wenn es sogar Nachteile für die eigene Karriere bringt, sich hinter den Freund zu stellen, hält im Business nur noch ein Prozent der Betroffenen zum Freund.

len, bekunden am Anfang noch 80 Prozent seiner bisherigen Freunde die Solidarität, aber nur dann, wenn dies unter vier Augen geschieht. Sind die gleichen Leute in einer Gruppe mit anderen, bekennen sich nur noch 30 Prozent zu ihrem Freund. Geht es darum, unter Druck, ohne dass es eigene Vorteile bringt, zu dem Freund zu stehen, bleiben nur noch 3 Prozent übrig. Wenn es sogar Nachteile für die eigene Karriere bringt, sich hinter den Freund zu stellen, ist es nur noch 1 Prozent, das zu seinem Freund hält.

In dem Augenblick, in dem der Betreffende couragierte Freundschaft dringend benötigt, fallen die bisherigen Anhänger wie ein lautlos versinkendes Begleitschiff vom bisher Umschwärmten ab. Außer den Konformisten scheint plötzlich auch der Kreis derjenigen, die ihn so gut kennen, dass sie ein echtes Urteil über die Qualität des Diffamierten haben müssten, wie vom Erdboden verschluckt zu sein. Tief schmerzlich werden dann die Verleumdungen derjenigen Menschen empfunden, die dem nun Entehrten ihr Leben und ihren Aufstieg verdanken. Das ist immer so. Derjenige, der ins Schussfeld einer Hetzjagd gerät, sollte nichts anderes erwarten. Der Angeklagte hatte ein Heer von Menschen gehabt, die ihm zujubelten. Angesichts der Vorwürfe steht er jedoch abrupt verlassen da; denn dem Ansehen der Karriere der einst Verbündeten wäre Freundestreue dieser Art abträglich. Der innerste Kreis hält auch nur, wenn er sehr stabil ist. Es zeigen sich Schadenfreude, Besserwisserei und kopfschüttelndes Missachten in unverblümt taktloser Form. Jeder weiß, wie er es anders und besser gemacht hätte.

Ich erinnere mich auch an meine Schulzeit in Berlin, als wir im Geschichtsunterricht das Dritte Reich durchnahmen. Uns wurde beigebracht, dass wir immer allem misstrauisch gegenübertreten sollen, was uns keine andere Wahl lässt. Wir wurden auf gewisse Sätze als Indikatoren für falsche Gedankensysteme hingewiesen. Wir fragten uns damals als Schüler, warum diese Lehrer, die ja in dieser Zeit, von der sie sprachen, schon mündige Erwachsene waren, nicht schon früher ihre Erkenntnisse umgesetzt hatten, als es noch nicht zu spät gewesen war, und warum sie nicht schon vorher ihre Erkenntnisse lebten, statt später uns zu belehren? Ich schreibe das ohne Groll, und ich frage mich selbst oft, was unsere Enkel einmal in der Schule über fehlende Zivilcourage lernen werden, wenn sie die gegenwärtige Zeitepoche in ihrem Geschichtsunterricht behandeln, und was wir ihnen antworten werden: »Wir hatten keine andere Wahl.«[15] – »Der Markt hat uns bedingungslos gezwungen«?

Der Journalist Karl-Otto Saur, dessen Vater unter Hitler Verantwortlicher für die Ankurbelung der Kriegsrüstung und für den Nachschub für Zwangsarbeiter war, schreibt in seiner Biografie, dass er sich immer wieder fragt, wie er sich selbst wohl verhalten hätte damals in der Diktatur. Und er findet keine Antwort darauf. In den Redaktionen, in denen er gearbeitet hat, habe er sich ebenso oft gefragt, was aus seinen Kollegen damals wohl geworden wäre. Wer wäre ein Nazi gewesen? Wer ein Täter? Wer ein Mitläufer? Diesen Blick bringe er nicht mehr raus aus seinem Kopf. Vielleicht sei das auch der Grund, warum Erfolg und Karriere nie Begriffe waren, die er für wichtig hielt im Sinne eines geglückten Lebens. Er habe in seinem Leben nur ein Ziel gehabt: Er wollte es besser machen mit seinen Kindern, als es sein Vater gemacht habe.[16]

Einige der älteren Generation erinnern sich noch an ein Flugblatt der Harnack/Schulze-Boysen-Organisation, welches in Berlin im Winter 1941/42 verteilt wurde.[17]

»Stellt euch der allgemeinen Angst entgegen! Immer wieder hört man die Redewendung: ›Wir müssen durch! Wenn wir jetzt nicht siegen, geht es uns allen schrecklich an den Kragen.‹ Dies ist das Gerede, das die derzeitigen Machthaber selbst verbreiten, um ihre Herrschaft zu festigen. […] Die Weltgeschichte wird auf keinen Fall ihren tieferen Sinn verlieren, und das Unmögliche wird nicht möglich dadurch, dass wir uns in Verkennung der Dinge bemühen, dem Verbrechen und dem Wahnwitz zum Siege zu verhelfen, nur weil Verbrechen und Wahnwitz sich zur Zeit in Deutschland eingenistet haben.«

Auch heute haben viele resigniert. Sie ahnen zwar, dass Zivilcourage der unter Beweis gestellte Mut zur Suche nach einem sinnerfüllten Leben ist. Aber sie sind zu dem Ergebnis gekommen: Zivilcourage lohnt sich nicht. Sie sind müde geworden und haben den Mut verloren und finden sich mit einem Leben ab, das keine Sinnfragen mehr beantwortet. Sie suchen den Sinn nur noch im Trubel des Alltagsgeschäftes und im Streben nach persönlichem Wohlstand.

Bismarck gebrauchte als erster Deutscher das Wort Zivilcourage.[18] In einer Debatte des Preußischen Landtags 1864 wurde er wegen eines kritischen Beitrages ausgepfiffen. Beim Mittagessen sagte ihm ein älterer Verwandter: »Eigentlich hattest du ja ganz recht. Nur sagt man so was nicht.« Da antwortete Bismarck: »Wenn du meiner Meinung warst, hättest du mir beistehen sollen.«

Meine Ausführungen wenden sich genau an diejenigen, die mutig sein wollen und denen diese Eigenschaft wichtiger ist als schnelle Karriere, bei der es auf Opportunismus und Ellenbogen ankommt. Meine Ausführungen wenden sich auch an Menschen, die mutig sein wollen, aber nicht die nötige Kraft dazu aufbringen.

»Willst du was werden, musst du schweigen.
Musst dich zur Erden tief verneigen.
Dass du ein Knecht bist, hat man gerne.
Allem, was recht ist, halte dich ferne.
Lerne den Willen unserer Lenker.
Und auch im Stillen sei kein Denker.«[19]

So beschrieb Hoffmann von Fallersleben diesen Irrtum schon vor 160 Jahren im Hundertjährigen Kalender – Bezug nehmend auf den deutschen Zeughaussturm am 14. Juni 1848.

Stefan Heim drückte es etwas unpoetischer aus in seiner Rede bei der Wende in Leipzig 1989: »Ein Volk, das gelernt hat, zu kuschen unter dem Kaiser, unter Hitler, unter dem DDR-Regime.«

Feigheit beruht also auf der trügerischen Annahme, Vorteile einzubüßen, wenn man sich nicht anpasst, und darauf, Nachteile zu bekommen, wenn man zu seiner eigentlichen Überzeugung steht.

Spontane Hinderungsgründe, Zivilcourage zu zeigen

»Bei dieser Übermacht bin ich gar nicht in der Lage einzugreifen.«

»Wenn ich mich einmische, bekomme ich bloß Ärger.«

»Vielleicht schätze ich die Situation falsch ein.«

»Wer weiß, was der andere angestellt hat, dass sie ihn angegriffen haben.«

»Warum helfen denn die jüngeren Kerle nicht, die da herumstehen?«[20]

Allgemeine Hinderungsgründe

Abstumpfung

Unsere Zeit prägt das Wort *non helping-bystander-effect*[21]. Dieses Wort bezeichnet das Gegenteil von Mut. Es bezeichnet das immer häufiger beobachtete Verhalten, dass Menschen wie gebannt schreckliche Ereignisse hautnah beobachten, ohne ein dringendes Bedürfnis zur Tat zu empfinden. Dieser neue Begriff fordert uns heraus, darüber nachzudenken, inwieweit wir uns selbst zwischenzeitlich ebenfalls statt zu mutigen Menschen zu Unterhaltern eines Zeitgeistes entwickelt haben.

In den Medien erheben Journalisten den moralischen Zeigefinger – häufig diejenigen, die von Berufs wegen eher dazu bereit sind, eine Gewalttat zu filmen, statt sie zu verhindern: »*Rentner in U-Bahn zusammengeschlagen und ausgeraubt – zwanzig Fahrgäste schauten zu.*« Wir lesen solche Meldungen mit Empörung, begreifen aber auf einmal, was in den Wegschauern vorgeht, wenn wir selbst in ihre Situation geraten. Dann fragen wir uns plötzlich: Ist das meine Aufgabe? Wo ist denn die Polizei?

In einer Umfrage des Münchner Instituts für Recht und Wirtschaft haben 86 Prozent aller Zeugen von Gewalttaten nicht geholfen. Als Gründe (Mehrfachnennungen waren möglich) nannten 66 Prozent Angst vor dem Täter. 86 Prozent fürchteten, dass sie statt einer Belohnung mit juristischen Konsequenzen zu rechnen hätten. Immerhin 16 Prozent nannten Gleichgültigkeit als Motiv. Bei der Frage, ob sie künftig helfen wollten, antwortete weniger als ein Viertel mit einem eindeutigen Ja.[22]

Verdrängung, Machtdenken, Profitstreben

Auszüge aus dem Interview des Spiegels mit dem Historiker Prof. Hans Mommsen[23] wollen Einblick zu dieser Fragestellung geben.

SPIEGEL: Herr Professor Mommsen, warum hat es unter den Wirtschaftsführern so wenig Widerstand gegen Hitler gegeben?

Mommsen: In der Tat tauchten bestimmte Berufsgruppen im Widerstand überhaupt nicht auf, darunter Repräsentanten der Wirtschaft. Von den Industrieführern haben nur wenige wie Robert Bosch und Paul Reusch, der Vorstandsvorsitzende der Gutehoffnungshütte, eindeutig Stellung gegen Hitler bezogen. Die Wirtschaftsführer waren offensichtlich zu sehr in die tägliche Arbeit eingespannt, um Abstand zum Regime zu gewinnen.

SPIEGEL: Die Mehrzahl der Manager hatte kein Unrechtsbewusstsein?

Mommsen: Das ist richtig, und man sollte dabei bedenken, dass sie schrittweise in das System der Zwangsarbeiterbeschäftigung gelangten. Es begann mit dienstverpflichteten Arbeitskräften aus den Benelux- und den skandinavischen Ländern sowie aus Polen. [...] Letztlich aber haben die meisten Konzerne diesen Weg gewählt, häufig, um die Verlagerung der Betriebe unter Tage zu ermöglichen. [...] Es gab nicht nur bei den Belegschaften, sondern auch bei den Managern eine Art Flucht in die Betriebe, um sich nicht die Sinnlosigkeit des eigenen Tuns eingestehen zu müssen. Die Masse der Wirtschaftsführer und Unternehmer stand dem Regime bis zuletzt loyal gegenüber. [...] Die direkte und indirekte Mitverantwortung der Unternehmensführungen für Verbrechen des NS-Regimes entzieht sich in der Regel juristischen Kategorien. Die politisch-moralische Mitverantwortung der Manager für die Rüstungs- und Ausbeutungspolitik des NS-Systems und ihr »Abgleiten in die Barbarei« sind unbestreitbar.

Angst

Angst ist notwendig, um Gefahren und die eigene Überforderung zu bemerken, aber Angst kann auch sehr negativ sein, weil sie uns dazu verleitet, unsere Identität und Authentizität zu verkaufen und preiszugeben. Das kann die Angst vor dem sein, was andere sagen, die Angst davor, Ruhe und Ruf zu verlieren, Ärger, Schwierigkeiten oder gesellschaftliche Isolierung zu erfahren, und die Angst vor Kollegen: »So etwas tut man nicht.« Weiter ist hier auf die Angst vor dem Vorgesetzten hinzuweisen, der seine Machtposition ausnützt, wenn er erklärt: »Ihr Ton ist unmöglich, Sie sollten die Konsequenzen ziehen.« Die Angst kennt viele Gesichter: Angst, selbst Verantwortung zu übernehmen, Angst vor Nachteilen, Angst vorm Ausgeschlossensein, Angst, die richtigen Worte nicht zu finden, Angst, sich zu blamieren und die Geborgenheit des gewohnten Umfeldes zu verlieren, Angst, den Schutz der Vorgesetzten zu verlieren, Angst, den Arbeitsplatz und die Versorgung der Familie zu gefährden. Jedes Jahr werden Tausende Fälle von schweren Misshandlungen nicht bekannt, weil Nachbarn aus Angst davor, es sich mit den Leuten zu verderben, schweigen.

Undurchschaubarkeit
Das Mitschwimmen im breiten Strom ist sehr bequem. Hier steht der Einzelne nicht mehr vor Herausforderungen, die zu einer klaren Entscheidung zwingen, wie im Dritten Reich zwischen Gehorsam und Gehorsamsverweigerung, zwischen Anpassung und Gefängnis, sondern er findet sich in diffusen Situationen, die schwer abzuschätzen sind, weswegen er sich nicht mehr die Mühe machen will, um den richtigen Weg zu ringen.

Anonymität
Wir kennen weder Opfer noch Täter, noch die übrigen Zeugen. Dadurch ist sich jeder bewusst, dass er nur zufällig am Ort ist. Hätte man die U-Bahn davor erwischt, würde man von dem Verbrechen am nächsten Tag nur in der Zeitung lesen. Wer sich abwendet, muss keine Konsequenzen für seinen Ruf fürchten. Man sieht die Beteiligten höchstwahrscheinlich nie wieder.

Alltäglichkeit
Gewalt in den Medien ist unser Alltag. Die Rolle des Zuschauers ist uns längst vertraut. Wir haben tausendmal Überfälle und Morde im Fernsehen beobachtet und mussten niemals eingreifen, weil ein Kommissar am Ende den Täter zur Strecke brachte.

Wir haben tausendmal Überfälle und Morde im Fernsehen beobachtet und mussten niemals eingreifen, weil ein Kommissar am Ende den Täter zur Strecke brachte.

Beispiel einer Handlungsempfehlung

Wirksame Hilfe ist möglich, wenn sich die Anwesenden im Vorfeld mit dem Opfer solidarisieren.

Wenn Sie beispielsweise eine Gewalttat in der Vorortbahn beobachten, wenden Sie sich an die Leute neben sich und fragen: Gefällt Ihnen das, was sich dort vorbereitet? Wollen wir alle zusammen aufstehen und uns einmischen? Besteht ein begründeter Verdacht auf permanente Gewaltanwendung in der Nachbarschaft, genügt schon ein anonymer Hinweis an das Jugendamt, um die Behörde zum Nachforschen zu veranlassen. Eine offene Zeugenaussage ist natürlich besser. Eine Frau wird bedroht. Sie haben Angst einzugreifen. Es könnte ja sein, dass das Opfer gar keine Hilfe will und sagt, Sie sollen sich zum Teufel scheren. Wenn Sie wissen wollen, ob eine echte Bedrohung vorliegt, fragen Sie: »Brauchen Sie Hilfe?« Oft genügt schon die Drohung, dass Sie die Polizei rufen und als Zeuge aussagen werden.

Was bewirkt die Anpassung gegen die inneren Überzeugungen?

Die negativen Folgen der oft unreflektierten Anpassungsmentalität in unserer westlichen Kultur sind langfristig viel größer als ihr vermeintlicher Nutzen. Die Anpassungsmentalität zerstört echte Erlebnisse, die man nur mit echten, lebendigen Menschen machen kann. Die Folge ist, dass uns nichts anderes übrig bleibt, als vorgekautes Leben aus der Konserve zu konsumieren (Filme, Erlebnisparks, Shows etc.), wobei jedes Risiko und jeder überraschende Ausgang ausgeschaltet sind. Aber echtes Leben ist Risiko und nicht bloßes Funktionieren.

Lieber ein Knick in der Karriere als im Rückgrat.

Wenn es uns nicht gelingt, unseren persönlichen Überzeugungen entsprechend zu leben, dann wird der Zwiespalt zwischen unserem eigentlich angestrebten Tun und unserem tatsächlichen Handeln immer größer, und unser Selbstwertgefühl geht immer mehr bergab.

Das Unbehagen, das mich bisweilen in der Begegnung mit Menschen beschleicht, ist das Gefühl, dass ich mit Rollenträgern kommuniziere. Ihre eigentliche Persönlichkeit verbergen sie oder kennen sie selbst nicht mehr, weil sie diese zu oft verleugnet haben. Ich fühle mich durch diese Menschen gelangweilt, sie vermitteln nichts Lebendiges. Denn nur Echtheit bewirkt Leben. Diese Menschen machen einsam, denn sie ersticken den Wunsch nach Anteilnahme, etwas, was wir zum Leben so dringend brauchen. Sind wir uns bewusst, wie hoch der Preis ist, wenn wir das Kostbarste, das wir haben, unsere unverwechselbare Persönlichkeit, so unreflektiert aufgeben?

Wie erfrischend war demgegenüber vor einiger Zeit die Begegnung in der Vorortbahn mit einem Kind. Es durchbrach den resignierten Schein auf vielen düsteren, schweigend vor sich hin starrenden Gesichtern für einen Augenblick und bewirkte ein Lächeln. Das Kind fragte seine Mutter: »Mama, warum hat dieser Mann da drüben eine so spitze Nase mit einem roten Pickel obendrauf?« Es ist selten, dass man durch derart geöffnete Fenster für einen Augenblick in die Seele eines Menschen hineinschauen kann. Manchmal geschieht das durch ein schamvolles Erröten oder durch einen »Freud'schen« Versprecher oder durch eine schnell weggewischte Träne. Diese geöffneten Fenster lassen uns mehr pures Leben erkennen als viel Gescheites, Intelligentes und scheinbar Nützliches unserer modernen Gesellschaft, das manchmal nur dazu geeignet ist, die Knochen jeglicher Spontaneität und lebensfroher Unbefangenheit so lange zu brechen, bis sie in den tristen Sarg von organisierten Prozessen passen, die alles nur auf eine utilitaristische Daseinsberechtigung reduzieren.

In den vergangenen Jahren bin ich einigen Menschen begegnet, die im Druck des Berufslebens leichtfertig, ursprünglich auf Langfristigkeit ausgelegte Träume gegen kurzfristigen Erfolg eintauschen. Sie handeln genau so, wie Erich Kästner es formuliert hat: »Die meisten Menschen legen ihre Kindheit ab wie einen alten Hut. Sie vergessen sie wie eine Telefonnummer, die nicht mehr gilt. Früher waren sie Kinder, dann wurden sie Erwachsene, aber was sind sie nun?«

Ich suche immer nach dem Wort *hinter* dem Wort, nach der Sprache *hinter* der Sprache. Die Rolle ist wichtiger geworden als das Leben, das nur erhalten bleibt und erneuert wird, wenn Menschen den Mut haben, authentisch zu sein.

Ich werde nicht vergessen, was mir der ehemalige Personalvorstand eines großen Automobilkonzerns rückblickend sagte, als ich ihn fragte, ob es etwas gibt, was er anders machen würde, wenn er noch mal anfangen könnte. »Wenn ich noch einmal leben dürfte, würde ich alle wichtigen geschäftlichen Entscheidungen, die ich selbstständig und in Übereinstimmung mit meinem Gewissen und meiner persönlichen Verantwortung fällen konnte, heute noch einmal so fällen. Von anderen geschäftlichen Entscheidungen jedoch, die ich als Kompromisse fällen musste, wo sich oft mein anfängliches Unbehagen später bestätigt hat, würde ich mich aus heutiger Sicht ohne Rücksicht auf Verluste klar distanzieren.«[24]

Der andere
Was siehst du im Spiegel?
Bist du es noch?
Oder bist du schon lange ein anderer?
Schau hin
Dann siehst du
Wie dich der andere frech angrinst
Dich auslacht
Und es genießt
Dass du seine Fratze nicht erträgst.[25]

In der Begegnung mit Führungskräften bedauern viele rückblickend am Ende ihrer Karriere, nicht mutiger zu ihrer Meinung gestanden und nicht mehr von ihrer Authentizität verteidigt zu haben. Viele sprechen von Flexibilität und denken über ihre eigene Machtentfaltung nach und rechtfertigen damit nur ihre Lebenseinstellung von Feigheit, Charakterlosigkeit und Opportunismus. Prof. Eberhard Richter sagt, Flexibilität heißt im ursprünglichen Sinne, sich beugen, sich krümmen![26]

Gelebter Mut und Zivilcourage sind die Fähigkeiten, authentisch zu bleiben auch unter Druck.

Wie sind wir uns selbst fremd geworden? Wie oft haben wir uns dem Mechanismus der Arbeitswelt angepasst, wo wir für unsere Erfolge und unser Haben respektiert und belohnt wurden? Dies bezahlten wir mit dem Preis, dass wir Kontakte zu Menschen nicht mehr wahrnehmen, die uns so lieben, wie wir sind, und die sich wünschten, dass wir geblieben wären, wie wir waren. Wir sollten uns selbst darüber betrauern, dass wir uns so sehr abhängig gemacht haben vom Schein des Erfolges, dass wir sogar unsere persönliche Würde und unsere Einzigartigkeit für unser berufliches Vorwärtskommen opferten.

Lassen Sie mich noch ein eher unbedeutendes alltägliches Beispiel anführen.

Eine junge, hochbegabte Managerin, die eine schmerzvolle Scheidung hinter sich hatte, durchlief ein Eignungsdiagnostikprogramm in unserem Institut mit Bestnoten. Sie wurde kurz vorher wegen ihrer angeblich demotivierenden Ausstrahlung entlassen, welche sich aber eindeutig auf ihr Trennungserlebnis zurückführen ließ. In einem Brief an ihren Vorstand versuchte ich diesen Sachverhalt zu beschreiben und wies auf die exzellenten Testergebnisse hin mit der Bitte, die Entlassung zu überdenken. Dieser Brief, von einem in seinen Augen so unbedeutenden Menschen wie mich, rief höchste Empörung hervor. Ich erhielt sehr besorgte Anrufe von Mitarbeitern, die sich normalerweise für

Mobbingopfer einsetzen. Sie fragten mich, ob ich mir bewusst sei, welchen Schaden ich für die Reputation meiner Person ausgelöst habe. Ich antwortete, dass ich bisher geglaubt hätte, dass ihr Kampf gegen Mobbing unabhängig von der Hierarchiestufe des Täters sei, und ich erwarte, dass sie diese Haltung gerade in dieser Situation unter Beweis stellen. Daraufhin bewiesen sie den Mut der Rückendeckung, auch wenn wir die Entlassung dadurch leider nicht mehr rückgängig machen konnten.

Warum passte sich Liu Shao-Chi nicht an?

In seiner jahrzehntelangen Machtherrschaft über ein Viertel der Weltbevölkerung war Mao Tse-Tung für den Tod von 70 Millionen Chinesen verantwortlich. 1958 schloss sich ihm Liu Shao-Chi, die Nummer zwei im Staat, an, der ein Jahr später, 1959, zum Staatspräsidenten neben Mao ernannt wurde.

Anders als bei Mao setzte die durch die Misswirtschaft herbeigeführte Hungersnot Liu Shao-Chi persönlich sehr zu. Als er eines Tages sein Heimatdorf in Hunan besuchte, wurde er hautnah mit dem Elend durch die Begegnung mit seiner eigenen Familie konfrontiert. Auf einem Spaziergang durch das Dorf entdeckte er auf einer Mauer die Aufschrift: »Nieder mit Liu Shao-Chi«. Er spürte, wie die Menschen den Kommunismus hassten – und ihn auch! Den Jungen, der die Mauer beschrieb, nahm Liu persönlich in Schutz. Liu zeigte Verständnis für den kleinen Jungen, der durch die Hungersnot sechs Familienmitglieder verlor und dessen Babybruder im seinem Arm verstarb, als er ohne Erfolg nach einer stillenden Frau suchte. Liu erkannte sein eigenes Mitverschulden für dieses Elend, kniete vor den Dorfbewohnern nieder und entschuldigte sich für die Missherrschaft der Kommunisten.

Von da an war er nur noch von dem Wunsch getrieben, der Landbevölkerung zu helfen. Er stellte sich den Behörden quer und veranlasste, dass der Diebstahl von Lebensmitteln nicht mehr verfolgt wurde, und ging bewusst auf Abstand zu Mao.

Als die Erntezeit näher rückte, war Mao im Begriff die Abgabequoten für Lebensmittel festzulegen. Der couragierte Liu drängte Mao, niedrigere Quoten zu bestimmen. Liu war sich bewusst, dass sein Handeln die Spannungen zwischen ihm und Mao vergrößern würde. Mao musste akzeptieren, dass die Abgabequoten um über 34 Prozent niedriger angesetzt wurden, als er die Zahlen Anfang des Jahres festlegte. Durch Lius Maßnahmen sank die Quote der Hungertoten um 50 Prozent. Trotzdem verhungerten noch weitere zwölf Millionen Menschen. Lius Eifer war aber nicht mehr zu stoppen. 1962 legte er Mao einen Hinterhalt, der die Eindämmung der Hungersnot zum Ziel hatte.

Auf der Konferenz der »Siebentausend« in Peking wollte Mao, dass Liu Maos Rede bei der einzigen Plenarsitzung am 27. Januar 1962 vortrug. Zu Maos Überraschung hielt Liu nicht die geplante Rede. Er hielt eine Rede, die sich davon deutlich unterschied. An diesem besagten 27. Januar nahm Liu Shao-Chi seinen ganzen Mut zusammen. Er wagte es, vor den 7000 Spitzenfunktionären Maos Politik anzugreifen. Liu klärte über die Hungersnot und das herrschende Elend auf. Er regte die Leute an, über Maos Politik kritisch nachzudenken. Lius Rede löste, wie erwartet, stürmische Reaktionen beim Publikum aus. Nun aber wussten die Delegierten, dass der Präsident, Liu, hinter ihnen stand, und äußerten ungeniert ihre Meinung, verurteilten die alte Politik und bestanden darauf, dass diese auf keinen Fall wiederholt werden dürfe! Mao machte sich nun wohl oder übel an die Schadensbegrenzung, damit keiner auf die Idee kam, die Hungersnot mit seiner Person zu verbinden. Er war gedrängt, am 30. Januar 1962 vor versammeltem Saal das erste Mal seit seiner Machtergreifung 1949 Selbstkritik zu üben. Mao war gezwungen, die fatalen Quoten der Lebensmittelabgaben abzuschaffen, die für 1962 und später vorgesehen waren. Millionen von Menschen blieb durch diese Verordnung, die durch Liu ins Rollen gebracht wurde, der Hungertod erspart. Somit wurde das Jahr 1962 zu einem der freiheitlichsten Jahre seit Beginn von Maos Herrschaft.

Doch Liu wusste, dass ihn Mao nicht einfach so davonkommen lassen würde. Der sonst so zurückhaltende Liu blieb sehr leidenschaftlich und sprach oft über die Not des chinesischen Volkes. Währenddessen plante Mao seine Rache.

Während der Kulturrevolution von 1966 bis 1976 versuchte Mao alles, um Liu und seine Familie zu demütigen. Jedes Mal, wenn sich Liu mit Worten zu wehren versuchte, wurde er von den Maoanhängern mit ihren roten Büchern niedergeschlagen. Liu wurde in seinem eigenen Haus gefangen genommen und gequält. Er bewahrte aber dennoch seine Würde: Im Februar 1968 hatte er eine letzte Verteidigungsschrift verfasst, in der er Mao sogar wegen seines diktatorischen Stils in den zwanziger Jahren angriff. Mao war sehr aufgebracht, weil er Lius Willen nicht brechen konnte, und setzte alles daran, Lius Stimme zum Schweigen zu bringen.

Liu wurde mitten in einer Nacht halb nackt in ein Flugzeug nach Kaifeng verfrachtet. Nachdem die Bitten, Liu in ein Krankenhaus aufzunehmen, abgelehnt wurden, verstarb Liu Shao-Chi.

Resümee: Liu Shao-Chi überlegte sich, was wichtig für ihn war. Karriere oder seine Glaubwürdigkeit? Ihm war das Leben seines Volkes mehr wert als die Konsequenzen, die ihn erwarteten. Sein Leitbild blieb seine persönliche Überzeugung. Mit Liebe gegenüber seinem Volk und Mut gegenüber dem Staatspräsidenten Mao konnte Liu die Authentizität aufbringen, die für seine Auflehnung gegen Mao nötig war. Wenn Liu in dieser Schlüsselszene am 29. Januar 1962 nicht so mutig gewesen wäre, hätten noch viele weitere unschuldige Menschen ihr Leben lassen müssen. Er hat sich und seine ganze Existenz bewusst dafür geopfert, dass andere Menschen ein freieres Leben führen konnten.

Sind wir noch fähig zum Mut?

In meinem Institut stelle ich Klienten seit Jahren immer wieder die gleichen drei Fragen:

Was bevorzugen Sie: Freiheit oder Unfreiheit? Alle antworten: Freiheit!

Was bevorzugen Sie: Sicherheit oder Unsicherheit? Alle antworten: Sicherheit!

Was bevorzugen Sie: Mehr Sicherheit, dafür aber eine Einschränkung an Freiheit, oder mehr Freiheit, dafür aber eine Einschränkung an Sicherheit?

80 Prozent antworten: »Mehr Sicherheit, und dafür im Zweifelsfalle lieber eine Einschränkung an Freiheit!«

Wahrscheinlich gehören Sie und ich zu diesen 80 Prozent. Lohnt es sich, mit so gearteten Wesen über Mut und Zivilcourage zu reflektieren?

Der mutige Widerstandskämpfer Dietrich Bonhoeffer schreibt am 20. Juli 1944 resigniert und von großen Selbstzweifeln geplagt sein Gedicht »Stationen auf dem Wege zur Freiheit«[27]:

»Wir sind stumme Zeugen böser Taten gewesen, wir sind mit vielen Wassern gewaschen, wir haben die Künste der Verstellung und der mehrdeutigen Rede gelernt, wir sind durch Erfahrung misstrauisch gegen die Menschen geworden und mussten ihnen die Wahrheit und das freie Wort oft schuldig bleiben, wir sind durch unerträgliche Konflikte mürbe oder vielleicht zynisch geworden – sind wir noch brauchbar?«

Auch der Apostel Paulus stöhnt vor mehr als 2000 Jahren schon in seinem Brief an die Römer verzweifelt:

»Wer will mich erlösen von diesem Leibe des Verderbens? Das Gute, das ich im Grunde tun will, tue ich nicht, und das Böse, das ich nicht tun will, tue ich.«

Zählt heute nur noch der Mut von gestern?

Abba Kovner war der Erste, der die Warschauer Juden zum Aufstand gedrängt hatte. Er lebte als Partisan und wirkte im Untergrund. Ruzka Korczak, eine andere Partisanin, schreibt über ihn: »Abba begriff die Wirklichkeit nicht wie ein Gelehrter, der logische Schlüsse zieht, sondern wie ein Prophet. Ein Prophet ist schließlich nichts anderes als ein Mensch, der sich für einen kurzen Augenblick aus der Geschichte löst, um den Weg zu überblicken, der in den Wald hinunterführt.« Am Silvesterabend 1942/43 hielt er im Wilnaer Ghetto folgende Rede:

»Jedes Volk hat seine Heldengeschichten. Und diese Geschichten geben ihm die Kraft weiterzumachen. Aber sie dürfen nicht nur Vergangenheit sein, Teil unserer uralten Geschichte. Sie müssen auch Teil unseres realen Lebens werden. Wir müssen jetzt, nicht erst später mit unserem Gewissen ins Reine kommen. Was soll die nachfolgende Generation von uns lernen? Es ist besser, als freier Mensch im Kampf zu sterben, als durch die Gnade seines Mörders weiterzuleben! Wenn du nur dich selbst in Sicherheit bringst, kannst du dann einem Kind der nächsten Generation in die Augen sehen, wenn es fragt: ›Was hast du getan, als man unsere Leute zu Tausenden, zu Millionen abschlachtete?‹ Wirst du ihm gerne sagen: Ich habe mich versteckt und deswegen lebe ich noch?«[28]

In unserer nachfolgenden Generation hört man zwar gerne eben zitierte Geschichte und bestätigt auch ihre Gültigkeit, kommt aber in unserer pluralistischen Situation nicht auf die Idee, sich selbst ins Geschehen miteinzubeziehen. Die mutigen Menschen, die sich durch Integrität, Barmherzigkeit, Gerechtigkeit, Suche nach einem Leben in der Wahrheit auszeichnen, werden gar nicht mehr erwähnt. So spüren viele auch keine Anreize mehr, Mut zu praktizieren.

Im Allgemeinen hält man Zivilcourage für etwas Gutes, solange die Herausforderung in der konkreten Alltagssituation nicht selbst zu meistern ist.

»Manche bewundern sie als Tugend bei anderen und in früheren Zeiten, sehen aber nicht ihre heutige Möglichkeit und Notwendigkeit. Vor weltgeschichtlichen Tragödien gab es zwar immer wieder Mahner, aber ihre Anzahl war stets gering und ihr Wort zählte in der Regel erst lange nach ihrem Tod, dann nämlich, wenn sie von der nachfolgenden Generation zu Helden erhoben wurden.«[29]

Diese überhöhten Helden, die an herausragender Stelle agierten, die Interessen vieler vertraten, das Heft des Handelns fest in der Hand hatten, die nicht zweifelten, die keine Angst hatten, die keine Dummheiten begingen, die einen festen Charakter und Willen hatten, die sich nur für das Gute einsetzten und das Richtige taten, nimmt die Gesellschaft heute nicht mehr so wahr und auch nicht mehr so an.

Hierin liegt aber auch eine Chance. Gerade weil der Held heute nicht mehr gefeiert wird, gerade weil viele Helden nicht mehr gekannt, erkannt und anerkannt werden, sind wir herausgefordert, uns für ein mutiges Leben zu begeistern, ohne dafür Anerkennung zu bekommen.

Macht Demokratie Zivilcourage überflüssig?

Willy Brandt beschrieb es treffend: »Zivilcourage ist die eigentliche Anfangs- und Entstehungstugend unserer Zivilgesellschaft. Demokratie ist aus der Zivilcourage entstanden (oder erstritten, denn sie wurde ja nicht obrigkeitlich angeordnet) und aus ihr lebt die Demokratie. Zivilcourage ist die demokratische Tugend par excellence. Was für eine Diktatur als Bedrohung empfunden wird, ist für die Demokratie das Lebenselixier: Courage, Wachsamkeit, Kritik, Widerspruch, Abweichung, Unbequemlichkeit.«

»Zivilcourage ist die eigentliche Anfangs- und Entstehungstugend unserer Zivilgesellschaft«

Willy Brandt

Helden im traditionellen Sinne braucht es in einer Demokratie kaum. Das Prinzip der Gewaltenteilung und die Medien machen das Parlament darum leider nur allzu oft zum Tummelplatz derer, die nur auf der Bühne die Mutigen spielen können. Für diese Menschen geht es nicht um Leben und Tod, sehr wohl jedoch um ihr politisches und berufliches Überleben.

Dennoch erstarrt eine Demokratie mit einer passiven, desinteressierten und staatsgläubigen Bevölkerung ohne wirklich mutige Menschen. Es geht nicht nur in der Diktatur, sondern auch in der Demokratie darum, wem im Zweifelsfall mehr zu gehorchen ist, dem Staat oder dem Gewissen. Dieses Spannungsfeld hebt auch eine Demokratie nicht auf.

Wenige realisieren, dass unsere Demokratie gefährdet und bedroht ist und durchaus durch Mutige geschützt werden muss. Die Bedrohung der demokratischen Freiheit kommt nicht in erster Linie von den nicht-demokratischen Regierungsformen, weil uns diese Bedrohung präsent ist. Die Bedrohung liegt vielmehr in den marktwirtschaftlichen Zwängen, die unerkannt ihre Expansion vorantreiben können, indem sie demokratische Grundwerte in kleinen Schritten an die Wand drücken. Sie tragen den Gesichtsausdruck der Freiheit, während sie in Wirklichkeit unsere Freiheit und unser Recht auf persönliche Integrität untergraben.

Erhard Eppler erinnert sich an die Nachkriegszeit: Die Amerikaner sagten uns: »Im Nationalsozialismus seien die Menschen um des Staates willen da gewesen, in der Demokratie gebe es den Staat nur um der Menschen willen.« Wir müssen uns fragen, ob diese Aussage heute auch für die von der globalisierten Marktwirtschaft beherrschten Demokratien noch gilt.

Es besteht ein Spannungsfeld zwischen der Freiheit der Demokratie und der Freiheit des Marktes. Ich bin überzeugt, dass die Marktwirtschaft entartet, wenn die Demokratie nicht durch ständige Zivilcourage lebendig gehalten wird.

Früher zeigte sich die Marktwirtschaft – im Bild gesprochen – wie ein Bock, der den Gärtner bei der Gartenarbeit unterstützt hat. Heute haben wir es mit völlig abgehetzten Gärtnern zu tun, die vom Bock durch den Garten gejagt werden! Wenn sich das marktwirtschaftliche System aufgrund vernachlässigter Zivilcourage in der Politik so weiterentwickelt, dann sehe ich langfristig eine Gefahr für den Bestand der Demokratie, weil sich die Freiheit, des Marktes für einige effizienter und effektiver durch eine autoritäre Regierungsform umsetzen lässt. Dann könnte die Zeit zum Handeln bereits abgelaufen sein.

So meint der Basler Unternehmensberater Kasper Müller: »Wichtige Kernelemente einer dauerhaft funktionierenden Demokratie sind das Maß (Metrum, Ausgewogenheit) und der friedliche Ausgleich der Macht. Gerade heute aber verlieren wir das Maß und fördern damit ein gefährliches Machtungleichgewicht.« Gilt der frühere Anspruch der katholischen Kirche »Extra ecclesiam nulla salus« nun in einem anderen Sinn: »Außerhalb der Marktwirtschaft kein Heil«?

Wenn wir uns die amerikanische Unabhängigkeitserklärung vor Augen halten, sollten wir uns überlegen, wie viel uns die Freiheit noch bedeutet, die uns in unseren demokratischen Verfassungen rein theoretisch garantiert ist. »We hold this truth to be self-evident, that all men are created equal, that they are endowed by their creator with certain unalienable rights, that among these are life, freedom and the pursuit of happiness.« – »Wir halten diese Wahrheiten für offenbar und keines weiteren Beweises bedürftig: dass alle Menschen gleich sind, von Geburt an, dass sie von ihrem Schöpfer mit gewissen, unveräußerlichen Rechten ausgestattet sind, zu denen Leben, Freiheit und das Streben nach Glück gehören – dass, um diese Rechte zu sichern, Regierungen unter den Menschen eingerichtet sind, welche ihre rechtmäßige Gewalt von der Zustimmung der Regierten herleiten« (Amerikanische Unabhängigkeitserklärung, 1776).

Wir stehen vor der ethisch-politischen Gretchenfrage, ob wir am Anfang dieses Jahrhunderts noch den politischen Willen aufbringen, das unüberbotene, freiheitlich-demokratische Ideal einer

Bürgergesellschaft und seine Voraussetzung der Chancengleichheit unter veränderten Umständen neu zu überdenken und Reformen zu seiner Erneuerung anzupacken. Oder ob wir das Ganze unreflektiert der Dominanz des Marktes überlassen?

Der Zeitgeist macht ja bekanntlich blind. Das ungehemmte Treiben der Kapitalgesellschaften, der verschärfte Wettbewerb auf einem globalen Verdrängungsmarkt, der Abbau der sozialen Sicherungssysteme, Überregulierung etc. steigern langsam unmerklich den Druck auf den Einzelnen. Wir haben uns an eine neue Bedrohung unserer demokratischen Freiheit nur deshalb gewöhnt, weil wir ihr täglich begegnen und weil alle involviert sind.

Der scheinbar wachsende Anspruch des »Marktes« auf die Seele der Menschen, ihr Familienleben, ihre Freizeit, ihre Pläne, auf die Frage, wo und wie sie leben sollen, *das* ist das neue Gesicht des Marktes, das anders ist als früher. Es ist das Werk unserer Zeit, das Werk unserer Gesellschaft, das Werk Ihrer und meiner Hände. Es trägt unsere Handschrift, die Handschrift des vernachlässigten Mutes.

Im Nationalsozialismus hat es Zivilcourage gebraucht: Denn der Nationalsozialismus hat durch seine Dominanz die Werte der Dienstbereitschaft und Treue missbraucht und pervertiert.

Im Sozialismus war Zivilcourage notwendig: Denn der Sozialismus hat ebenso vereinnahmend die Werte soziale Gerechtigkeit, Frieden und Gleichheit durch seinen Freiheit raubenden Machtanspruch missbraucht.

Im Kapitalismus ist Zivilcourage notwendig: Denn der wirtschaftliche Geist missbraucht mit seinem dominanten Anspruch auf die Freiheit des Marktes und das Recht auf Selbstverwirklichung des Einzelnen im Grunde gerade die Werte der persönlichen Freiheit. Der Grund für seine Dominanz liegt in der vernachlässigten Zivilcourage und in dem abhandengekommenen Mut des Einzelnen.

Alle drei Ideologien fordern Anpassung, und deswegen benötigen sie als regulierendes Prinzip Menschen mit Zivilcourage.

In der heutigen Epoche ist die Dominanz des Zeitgeistes auf den Einzelnen am besten kaschiert und somit am schwersten erkennbar.

Zivilcourage ist ein Attribut der Freiheit und die wichtigste Voraussetzung zu ihrer Erhaltung. Wo Menschen ihre Eigenverantwortung nicht wahrnehmen oder diese sich abnehmen lassen, leben sie nicht frei, sondern bevormundet.

Heinrich Böll sagt: »Je mehr Bürger mit Zivilcourage unser Land hat, desto weniger Helden brauchen wir einmal.«

Es gibt leider die irrige Auffassung, dass unser heutiges ziviles Leben kein Feld für Bewährung und persönlichen Mut ist. Viele meinen irrtümlich, dass in der Demokratie und der Marktwirtschaft die Tugend des persönlichen Mutes überflüssig sei. Die Gefahren, die mit einer solchen Haltung verbunden sind, haben wir deswegen in diesem Abschnitt benannt.

Unsere Demokratie ist eine repräsentativ verfasste Demokratie.

Dies ermöglicht theoretisch, dass die zu fällenden Entscheidungen qualitativ sehr gut ausfallen können. Dann nämlich, wenn es wirklich die Besten, die Sachkundigsten sind, die sich in den parlamentarischen Gremien versammeln.

Die Praxis sieht jedoch anders aus. Statt der Herrschaft der Überdurchschnittlichen ist das phantasiemüde, risikoscheue Politmanagement der überdurchschnittlich Durchschnittlichen angesagt. Deswegen besteht die Gefahr der charakterlosen Mittelmäßigkeit, wo echte Zivilcourage ein Fremdwort ist. Wo aber gelebte Zivilcourage nicht mehr erforderlich ist, wächst die Bedrohung, dass notwendige Innovationen zu lange auf sich warten lassen und dass sich die bestehenden Systeme »dominant« entfalten können. Schon Theodor Fontane (1819–1898) prägte den Satz: Am Mute hängt der Erfolg. Der politische Prozess braucht beides: Couragierte Bürger, die sich einmischen, und mutige Parteien und Politiker, die den Bürgern das Zumutbare auch zumuten.

Ohne gelebte Zivilcourage verfällt unsere Demokratie in charakterlose Mittelmäßigkeit.

Wenn das Volk in einer so kompliziert gewordenen Welt sich das Mitspracherecht über seine Zukunft erhalten will, dann muss es sich Zivilcourage, Sachkompetenz, Urteil und moralische Sensibilität neu erwerben. Was also macht die Funktionsschwäche der repräsentativen Demokratie unserer Tage aus? Wir haben nicht nur mäßige Parteien, die vor der Komplexität der Probleme einknicken, wir selbst sind auch mäßig geworden, weil wir den Parteien ihre repräsentativen Führungsqualitäten längst nicht mehr überzeugend abverlangen.

Wenn wir unsere Bereitschaft zur Zivilcourage in der Politik nicht behaupten, wird auch unsere Marktwirtschaft, ohne zukunftsorientierte Zivilcourage und Gemeinsinn, zurück in den Raubtierkapitalismus ihrer Anfänge fallen.

Warum sind Situationen, die unseren Mut herausfordern, bedeutungsvoll?

Viel zu viel notwendige Stellungnahme wird nur gedacht und nicht gesagt. Das fördert psychische Fehlentwicklungen, produziert schlechte Stimmungen und belastet permanent Beziehungen. Es ist eine Illusion, zu meinen, bei verbreiteter Lüge und herrschendem Unrecht innere Freiheit, Wahrhaftigkeit und Rechtsgesinnung einfach innerlich einzuschließen und dadurch bewahren zu können. Unrecht, das nicht angegriffen, Unwahrheit, die nicht widerlegt, falsche Vorurteile, die nicht revidiert werden, werden damit legalisiert und weiterverbreitet.[30]

Kürzlich berichtete mir ein hochbegabter junger Manager eines Deutschen Telekommunikationskonzerns, dass sich sein oberster Chef in einer Führungskräfteveranstaltung erheblich verbal vergriffen hatte. »Ich wusste genau, dass ich widersprechen musste, habe das aber natürlich nicht gemacht aus Rücksicht auf meine Familie, die bei einer möglichen Entlassung als Folge meines Widerspruchs natürlich höchst gefährdet wäre.« Ich antwortete ihm, dass Mut in diesem Moment bedeuten würde, es trotzdem zu tun.

Der Mut, Mut zu praktizieren und nicht nur als Möglichkeit zu denken, ist *der* Schlüssel zum authentischen Leben und Erleben.

Wer nicht Mut wagt, schlittert in ein reaktives statt proaktives Lebensmuster hinein. Sein Leben besteht mit der Zeit nur noch aus Reaktionen auf die Vorgaben anderer. Er weiß genau, wie er reagieren muss, um nicht aus einem Anpassungsschema zu fallen. Am Anfang spürt er die Fehlentwicklung noch nicht. Viele reaktiv lebende Menschen landen irgendwann im Burnout, weil sie eines Tages die externen Dienstanweisungen an ihr Leben, deren Legitimierung sie zu wenig hinterfragen, nicht mehr erfüllen können. Sie werden älter, die Kräfte lassen nach, die Energieabgaben stehen in keinem Verhältnis mehr zum Nachschub. So werden sie oft zu Getriebenen, und Angst vor Verlust und fehlender Anerkennung prägt ihr Leben. Ähnliche Symptome eines durch vernachlässigten Mut geprägten Lebens sind Langeweile, Überdruss und irgendwann das Gefühl von Sinnlosigkeit. Diesen Menschen passiert nichts Bewegendes, aber durch diese Menschen passiert auch nichts Bewegendes. Sie hinterlassen keine Markenzeichen, keine Spuren.

Nur durch Lebenssituationen, die Mut herausfordern, erkennen wir, welche Menschen in unserer Umgebung Freunde und welche Mitläufer sind. Die Mitläufer werden sich nie zu uns bekennen, wenn sie dadurch in Situationen kommen, die ihnen Nachteile bringen könnten. Es gehört aber zu den schönsten Erfahrungen für den, der einmal außerhalb der Konvention gestanden hat, wenn er einige wenige neue Freunde, die Treue unter Druck bewiesen haben, gewinnt. Er wird für den Verlust vieler oberflächlicher Saisonfreundschaften durch die wenigen verlässlichen Freundschaften reichlich entschädigt.

Halten wir uns auch vor Augen, dass nur Menschen mit Zivilcourage in der Menschheitsgeschichte Türöffner für innovative Entwicklungen waren.

Ohne Zivilcourage gegen den Zeitgeist gab es und gibt es keine Innovation.

Mut bedeutet: Nein sagen können, auch wenn das Unrecht von oben kommt, nicht schweigen, wenn ein anderer gedemütigt wird, nicht mitmachen bei Aktionen, die man als unheilvoll erkennt, auch wenn man sich Sympathien verdirbt. Mut bedeutet protestieren, wenn Schwache benachteiligt werden, und ihnen durch unsere spürbare Sympathie Hilfe geben.

Wo und wann werden Mut und Zivilcourage gebraucht?

Mut ist in allen Lebensbereichen gefragt: in der Ehe, im Umgang mit Geld, im Umgang und Erlernen von Werten (z. B. Wahrheit), in der Forschung, im Berufsleben. Mut ist gefragt, wenn andere zu Unrecht leiden oder benachteiligt werden, wenn Menschen, die Unrecht leiden, sich nicht verteidigen können, wenn die Wahrheit mit Füßen getreten wird, wenn andere zu Unrecht angeklagt werden, wenn Werte missachtet werden, wenn Minderheiten unterdrückt werden, wenn die Versuchung des Geldes und der Macht uns beschäftigt, wenn die Macht auf Seiten des Unrechts und das Recht auf Seiten der Ohnmacht ist, wenn andere belästigt werden, wenn Schwache benachteiligt werden, wenn Vorurteile über andere verbreitet werden, wenn ein Erwachsener ein Kind demütigt, wenn in einer Gruppe über Abwesende herabsetzend geredet wird, wenn jemand wegen seines Aussehens verspottet wird, wenn ein Lehrer einen Schüler bloßstellt, wenn Andersdenkende beleidigt werden, wenn jemand, der Übelstände offen anspricht, ungerecht behandelt wird, wenn Ausländer schlechtgemacht werden, wenn die Verrechtlichung des Lebens keine Gerechtigkeit mehr im Sinne einer Anerkennung des Einzelnen garantiert und die Moral keine verbindlichen Verhaltensweisen mehr bewirkt.

Mut ist im Arbeits- und Berufsleben gefragt, wenn in unserer Umgebung das Karrierestreben wichtiger wird als die Beachtung ethischer Grundsätze. Wenn die persönliche Machtentfaltung wichtiger wird, als das Einstehen für Gerechtigkeit, wenn wir uns in einer spürbaren Gratwanderung zwischen eigenem Überleben, eigener Zukunftssicherung und persönlichem Gewissen befinden, wenn wir Argumente wie »nicht machbar« und »unwirtschaftlich« als vorgeschoben identifizieren, wenn wir uns in einem Zwiespalt befinden zwischen dem, was der Fachmann anordnet, und dem, was wir als Mensch empfinden, wenn wir in unserer Umgebung spüren, dass die Angst vor dem Jobverlust viele dominiert und sie von mutigen Entscheidungen abhält, wenn die organisatorischen Strukturen und Kommunikationsrichtlinien in den Unternehmen es einem oft schwer machen, Zivilcourage zu praktizieren, wenn es in den Planungen der Verantwortlichen um kurzfristige Rendite und nicht um langfristige Existenzsicherung des Unternehmens geht, wenn wir merken, dass der Chef Verwendungsnachweise gegenüber dem Rechnungshof frisiert, nicht korrekte Firmendarstellungen schreibt und unsaubere Geschäftspraktiken betreibt, wenn Mitarbeiter in Anwesenheit ihres Vorgesetzten zu ihm freundlich reden, um ihn anschließend schlechtzumachen, wenn Arbeitskollegen erniedrigt werden, wenn der Vorgesetzte den Kollegen demütigt, wenn bei Personalentscheidungen Fachwissen und Kompetenz weniger zählen, als politische Seilschaften und das Parteibuch, wenn die Dominanz der Manipulation und Vereinnahmung unsere Umgebung prägt, wenn Arbeitszeugnisse versteckte Botschaften an den neuen Arbeitgeber enthalten.

Ich empfehle Ihnen, sich selbst eine persönliche Checkliste zu erarbeiten, die die Situationen benennt, welche in Ihrer Umgebung Ihre Zivilcourage herausfordern.

Beispiel für eine Checkliste:

- Ich werde mit meinen Kollegen für die Beibehaltung des Personals kämpfen trotz gegenteiliger Vorgaben.
- Als Vorgesetzter entschließe ich mich, auf versteckte Botschaften und Übertreibungen in Arbeitszeugnissen zu verzichten.
- Ich denke darüber nach, welche Behandlung von Mitarbeitern ich nicht mehr dulden will.
- Ich verweigere in Zukunft die Teilnahme am Klatsch über Abwesende.
- Etc.

Sie sollten sich regelmäßig in einer Vorstandssitzung mit sich selbst über die Einhaltung Ihrer Grundsätze Rechenschaft geben.

2. Ausblicke

Wesensmerkmale mutiger Menschen

Was kennzeichnet jene Menschen, die sich selbst treu blieben, statt sich unter Druck anzupassen; Menschen, die Entschuldigungen wie: »Das machen doch alle«, nicht akzeptierten? Was zeichnet jene aus, die das dumpfe Gefühl im Bauch ernst genommen hatten, statt zu warten, bis es in der Hektik des Alltags unterging, die sich dazu veranlasst sahen, Leben und Freiheit für bedrohte Mitmenschen zu riskieren, die sich für Benachteiligte einsetzten, die sich weigerten zu lügen, obwohl diese Haltung negative Auswirkungen auf ihre Karriere hatte? Weshalb waren sie befähigt, ihrem Selbsterhaltungstrieb zuwiderzuhandeln? Sind sie nicht ganz dicht? Sind sie anders? Sind sie besonders stark?

Ich hatte erwartet, dass es sich in den meisten Fällen um charakterstarke, reflektierte und gut organisierte Menschen handelt, die in der Zusammenfassung aller Faktoren als echte Vorbilder bezeichnet werden können. Meine Erwartungen wurden enttäuscht, oder, besser gesagt, entmythologisiert. Die Erkenntnis, dass wir es sogar – wenn man den Querschnitt der Mutigen betrachtet – mit weniger als 50 Prozent vorzeigefähigen Vorbildern zu tun haben, hat auch etwas Befreiendes an sich. Wer Mut und Zivilcourage leben möchte, kann das auch tun, wenn er selbst keine Charakterbombe ist.

Ganz gewöhnliche Menschen

Menschen, die couragiert handeln, haben sich selten bewusst dazu entschlossen, non-konform zu werden. Vielmehr sind viele unbewusst und unmerklich in diese Rolle hineingerutscht. Sie wachten nicht eines Morgens auf und sagten: »Jetzt bin ich mutig.« Ein lebenslanger Entwicklungs- und Lernprozess hat sie in diese Richtung geführt und durch viele kleine Schritte ihren Habitus geprägt. Habitus verstehe ich als »das, was den Menschen aufgrund seiner Lebensgeschichte mental ausmacht«[31].

Erich Fromm sagt, dass gewisse Menschen irgendwann nicht mehr die Freiheit haben, sich für das Gute zu entscheiden, weil ihre Charakterstruktur durch viele kleine Schritte die Fähigkeit dazu verloren hat. Und andere haben dagegen die Fähigkeit verloren, sich für das Böse zu entscheiden, weil ihre Charakterstruktur das Verlangen nach dem Bösen verloren hat.[32]

Individualisten und Menschen mit habituellen Besonderheiten

Moralische Gründe spielen als Ursache für mutiges Handeln sicherlich bei vielen eine Rolle – ich komme später darauf zurück –, stehen aber bei weit weniger Menschen als erwartet im Vordergrund. Wenn man mit ihnen über ihre Motivationen spricht, stellt man eindeutig fest, dass die moralische Dimension für couragiertes Handeln nur einen Teilaspekt darstellt. Das zeigt auch das Ergebnis einer Befragung[33] von 35 Oppositionellen in einer ostdeutschen Stadt, die lange vor der Wende 1989 Mut zeigten. Das Ergebnis war, dass weder Altruismus und moralische Werte noch eine besonders ausgeprägte Urteilskraft die Einzelnen zu couragierten Handlungen veranlasst haben. Oft stand das couragierte Handeln mit biografischen Erlebnissen und Prägungen aus der Kindheit im Zusammenhang. Es geht diesen Menschen in erster Linie um die Schaffung von Freiräumen, in denen sie ihre Authentizität nicht unterdrücken müssen.

Menschen mit Zivilcourage sind sehr unterschiedlich geprägt und lassen sich deshalb nur schwer in eine bestimmte Kategorie einordnen.

Während sich das Handeln normalerweise auf die Pflege von Freundschaften, beruflichen Tätigkeiten oder künstlerischer Kreativität beschränkt, werden die Couragierten besonders in den Bereichen aktiv, in denen sie ihre Handlungsfreiheit eingeschränkt sehen. Sie empfinden es als Notwendigkeit, ihrer inneren Stimme zu gehorchen. Diese Stimme stellt sie irgendwann vor eine Entweder-oder-Situation. Viele handeln dann nicht aufgrund rationaler Entscheidungen, sondern aufgrund eines starken inneren Bedürfnisses. Erst danach folgt, wenn überhaupt, eine rationale Rechtfertigung oder Erklärung ihrer Handlung. Sie unterscheiden sich von den Nichtcouragierten dadurch, dass sie die Verteidigung der eigenen Authentizität und Integrität auch im öffentlichen Raum betreiben, während sich die Nichtcouragierten eher zurückziehen.

Viele Menschen mit Zivilcourage sind geprägt durch einen widerständigen Habitus, der auf eine bestimmte Art und Weise in der Jugend entstanden ist und sich dann im Laufe aller weiteren Handlungen immer wieder in der gleichen Prägung ausformt. Das können Ungerechtigkeiten in der Jugend gewesen sein, ein bedrückendes Elternhaus oder eine dominante, weltanschauliche Orientierung, die den Kindern auferlegt worden ist, wogegen sie sich später wehren mussten. Diese Menschen leiden oft unter Härte, Einsamkeit und Entbehrungen, sie fühlen sich ausgeschlossen. Sie gehen Konfrontationen ein, deren Folgen sie nicht abschätzen können.

Die meisten Entscheidungen in einer so rational argumentierenden Welt entstehen nebenbei bemerkt sowieso nicht aus rationalen Gründen. Der Mathematiker Henri Boincarye sagt: »Wir wissen mit der Logik, aber wir entdecken mit der Intuition.«[34] Schon Aristoteles schrieb, dass mutiges Handeln weniger auf rationale Entscheidungen zurückgeht, als vielmehr aus den Erfahrungen, den eigenen Wünschen und Emotionen als Grundhaltung herrührt.[35]

Menschen mit moralischen Motiven

Einige wiederum sind getrieben und motiviert vom Bedürfnis nach Selbstachtung und durch ihre moralischen Wertvorstellungen. Tugenden, die für sie etwas bedeuten, sind zum Beispiel Gerechtigkeit, Solidarität, Hilfsbereitschaft, Frieden, Wahrhaftigkeit, Freiheit und Unabhängigkeit.[36]

Sie möchten als ehrbar und mutig geachtet werden, weil sie das eigene Gewissen im Fokus haben. Moralisch motivierte Menschen richten sich nach einem für sie gültigen Ehrenkodex, der ihnen oft wichtiger ist als äußere Rechtsvorschriften. Diese Menschen sind Vorbilder. Sie verfügen über ein festes moralisches und rechtliches Empfinden.

Sie agieren aus einem inneren Bedürfnis heraus, das ihnen wichtiger ist als die Folgen. Es sind mitfühlende Menschen, die sich um andere sorgen und dabei Hilfsbereitschaft entwickelt haben, Menschen, die Ehrfurcht vor Mensch und Natur haben und die Fähigkeit, kritisch zu denken und eigenständig zu handeln. Sie sind bereit, Verantwortung zu übernehmen, und haben eine hohe Handlungsbereitschaft. Es handelt sich um Menschen, die sich stark mit ihrer Arbeit identifizieren und ihr Wirken im Sinne der Erfüllung einer Lebensaufgabe verstehen. Sie wahren Standhaftigkeit, Unerschrockenheit, Aufrichtigkeit, Redlichkeit, Wahrheitsliebe, Besonnenheit, Klugheit, Selbstachtung und ein unverbildetes Rechtsgefühl sowie ein Verantwortungsgefühl gegenüber Untergebenen.[37]

Es sind schlussendlich Menschen, die in sich selbst ruhen. Ihr Engagement wirkt gegen ihre Resignation und gegen ihre Gefühle von Sinnlosigkeit.

Gerade in dieser Personengruppe, die aus moralischen Motiven anderen geholfen haben, habe ich Menschen kennengelernt, die sich trotz ihres bewundernswerten Einsatzes zeitlebens vorwarfen, nicht genügend Mut und Zivilcourage bewiesen zu haben, und von Selbstzweifeln getrieben wurden. Das eingangs im Buch erwähnte Gefühl der Genugtuung nach einer mutigen Tat, welche auf die Wahrung der eigenen Authentizität auch in Drucksituationen Wert legt, trifft nicht auf alle zu.

Menschen mit dem Bedürfnis nach Sinn

Couragierte Menschen zeichnet oft aus, dass ihnen der Sinn des Handelns wichtig ist: das Leben in der Wahrheit und die Suche nach Selbstübereinstimmung (Identität). Sie sind nicht durch die Frage nach dem Nutzen gesteuert, sondern durch die Frage nach dem Sinn. Die Sinngebung ist für sie bedeutend, um die Einsamkeit zu ertragen, die mit zivilcouragierter Mitsprache verbunden ist.

Der Sinn gebende Halt besteht bei ihnen in Vorbildern, in Werten, in Idealen, in religiöser Bindung und im Glauben.

Menschen mit egoistischen und zweifelhaften Motiven

Wir treffen auch Menschen, die aus ganz anderen Motiven Zivilcourage leisten:

Obwohl sie zivilcouragiert handeln, geht es ihnen in erster Linie um die eigene Person, deren Persönlichkeitsentwicklung oft nicht gereift und nicht abgeschlossen ist.

Nicht wenige habe ich kennengelernt, die zumindest Teile eines Charakters haben, der alles andere als moralisch vorbildlich ist. Der Judenretter Oskar Schindler war eine Spielernatur und wollte anfangs aus dem Krieg Kapital schlagen. Der Judenretter Giorgio Berrlasca war Faschist und hatte einen Hang zur Hochstapelei (den er in Budapest als selbsternannter spanischer Botschafter auslebte). Dabei rettete er Tausenden verfolgter Juden das Leben. Der schwedische Gesandte im Zweiten Weltkrieg, Raoul Wallenberg, war ein gewohnheitsmäßiger Lügner. Unter Menschen, die Zivilcourage leisten, gibt es viele Diebe, Schmuggler, Straßenräuber, Erpresser und Mörder.

Wir gehen immer davon aus, dass eine Unvereinbarkeit besteht zwischen eigennützigem und uneigennützigem Handeln, zwischen Selbst- und Gemeinwohlinteresse. In der Realität sehen wir aber, dass diese beiden Handelsarten sehr wohl vermischt sind.

Dichotome Menschen

Gewisse Menschen, die zur Zivilcourage neigen, haben ein starkes Schwarz-weiß-Denken, das ihnen die Widerspruchsfähigkeit in den einzelnen Situationen erleichtert. In einer Welt der Eindeutigkeit gibt es keine Unklarheiten und darum auch keine Unsicherheiten. Für eine gewisse Gruppe der Zivilcouragierten gibt es kein dialogisches Verhältnis zu anderen Menschen, sondern entweder nur eine Übereinstimmung oder eine Konfrontation. Durch diese Dichotomie fällt es solchen Menschen nicht schwer, für das Recht und Wohl anderer einzustehen, da ihr Charakter und Weltbild ihnen nichts anderes erlauben.

Menschen mit emotionalen Beweggründen

Wieder andere handeln eher emotional aus spontaner Sympathie, Mitleid oder verletztem Gerechtigkeitsempfinden. Bei ihnen ist das innere Bedürfnis nicht unbedingt damit verbunden, dass sie ihre Werte besonders hochhalten, es ist aber auch nicht unabhängig von inneren Werten.

Menschen mit Erfahrungen aus Lebenskrisen

Unter den Menschen, die zivilcouragiert handeln, finden wir auch immer wieder solche, die selbst durch eine Lebenskrise gegangen sind, eine schwere Krankheit durchlitten oder einen großen Verlust erlebt haben. Durch ein gewaltiges, singuläres Erlebnis wurde ihre Widerstandskraft plötzlich auf die Probe gestellt oder initiiert. Gerade solche Krisenerfahrungen fördern nicht nur die Aufmerksamkeit gegenüber anderen, sondern initiieren sozusagen das erste Mal die nötige Kraft für eine riskante Aktion. Weil diese Menschen sich in einer existenziellen Herausforderung bewährt haben, sind sie jetzt auch in der Lage, ein überdurchschnittliches Maß an Mut und Risikobereitschaft für andere aufzubringen.

Durch Erfahrungen der Erniedrigung oder Verletzung haben sie eine besondere Empfindlichkeit für das Wahren ihrer Würde und ihrer persönlichen Achtung gewonnen. Deshalb sind diese

Menschen getrieben, ihr persönliches Ehrgefühl zu verteidigen. Sie möchten durch ehrenhaftes Verhalten das nötige Maß an Selbstachtung wiedergewinnen und durch ihr Verhalten auch Achtung von anderen einfordern. Sie haben oft das Bedürfnis, durch ihre Handlungen ein inneres Gleichgewicht, das sie nicht mehr spüren, wiederherzustellen. Durch das Bekanntwerden ihrer Handlungen versuchen sie, sich selbst die Anerkennung zu verschaffen, die ihnen in anderen Bereichen des Lebens versagt blieb. Diese Menschen treibt oft die Sorge, erneut erniedrigt zu werden.

Menschen mit Mitgefühl

Andere, die durch Mitgefühl motiviert sind, haben die Gabe, sich selbst in die Situation der Schutzbedürftigen hineinzuversetzen. Die Beweggründe sind Verantwortung und Fürsorge. Sie identifizieren sich mit den Menschen, denen sie helfen, und fühlen sich in ihre Not hinein. Jedoch bleiben sie nicht beim Mitfühlen stehen, sondern sind auch bereit, mitzuleiden.

Viele von diesen altruistischen Persönlichkeiten sind durch die Werte, die ihnen die Eltern als Vorbilder auf den Lebensweg mitgegeben haben, geprägt. Sie sind oft stärker durch liberale Erziehung, demokratische Einstellungen, gesellschaftliches Engagement und soziale Berufsorientierung geartet als die meisten Mitbürger. Zudem verfügen sie über Einfühlungsvermögen, aber auch die Kraft, Einschüchterungen zu widerstehen und Verfolgten zu helfen. Ein altruistisches Wesen hat oft seine Wurzel in der Kindheit eines behüteten, liebevollen und toleranten Elternhauses und einer positiven Bezugsperson, die als Vorbild das altruistische Verhalten förderte.

Menschen mit positiven Kindheitserfahrungen

Viele Menschen, die eine gesunde Ich-Identität besitzen, hatten eine ausgewogene Jugend. Sie konnten dort ein Gefühl von Vertrauen entwickeln. Sie haben erfahren, dass Menschen zuverlässig und glaubwürdig sind, man gab ihnen Raum, ein eigenständiges Ich zu entwickeln mit eigenen Vorstellungen und Wünschen. Sie durften handelnd erfahren, eigene Initiativen verwirklichen, Gedanken in die Tat umsetzen und dadurch Selbstbewusstsein aufbauen. Sie sind sich bewusst, dass das Bemühen, authentisch zu leben, also das eigene Denken, Fühlen und Tun in Einklang mit den Wertvorstellungen zu bringen, ein lebenslanger Prozess ist.

Im Idealfall haben sie eine Identitätsstruktur, die sich sowohl in der Offenheit als auch in einer ausgeprägten Beziehungsfähigkeit gegenüber anderen Menschen zeigt. Zugleich aber besitzen sie eine Identitätsstruktur mit Unabhängigkeit und Fähigkeit zu eigenständigem und von der Mehrheit abweichendem Verhalten.

Oft haben sie Eltern gehabt, die sie durch Wahrhaftigkeit, Ermutigung und autoritative Erziehung in ihrer Wahrnehmungsfähigkeit gestärkt haben. Sie haben diese Fähigkeit in der Kindheit im Sinne einer Einfühlung, einer Empathie und eines kooperativen sozialen Verhaltens erlernt. Irgendwo in ihrer Kindheit sind die Werte der Gerechtigkeit für sie von Bedeutung geworden.

Menschen mit positiven Kindheitserfahrungen sind prosoziale Menschen, die eine »connected-Identity«, ein hohes Maß an Empathie haben.[38] Manche identifizieren sich auch stark mit ihren Eltern, die ihnen ein Vorbild waren.

Wenn sich die Werte von ihren Eltern her ableiten, dann sind es auch die Werte, die sie verteidigen möchten. Zum Beispiel Nächstenliebe, Mitleid, Liebe zur Natur, Fürsorge für andere, Ehrlichkeit. Diese Gruppe von Mutigen möchten ihre Wertvorstellungen konsequent im Alltag umsetzen. Sie verknüpfen ihre persönliche Einstellung mit ihrem gesellschaftlichen Engagement, deshalb wird bei ihnen das Persönliche immer auch politisch. Andere werden zur Zivilcourage ermutigt, indem sie sich von ihren Eltern ablösen und lernen, eigenständig zu handeln und selbst etwas auszuprobieren.

Menschen mit negativen Kindheitserfahrungen

Eine andere Gruppe von Mutigen hatte keine friedliche Kindheit und Jugend. Sie wissen, was es bedeutet, völlig auf sich allein gestellt zu sein. Sie sind oft sehr stark von dem Bewusstsein der Ohnmacht geprägt und von dem Bewusstsein, dass ihnen niemand hilft. Daraus ist in ihnen in dieser Welt von schlechten Vätern oder Vorgesetzten eine Gegenwelt der Fürsorge, des Vertrauens und der Liebe als Vision entstanden.

Viele handeln instinktiv. Sie möchten sich die fehlende Wertschätzung, die sie als Kinder vermisst haben, durch einen Ehrenkodex verschaffen. Weil sie frühzeitig die Erfahrung gemacht haben, dass sie der Gewalt der Erniedrigung und der Demütigung nicht ausweichen konnten, gehen sie unerfreulichen Konflikten nicht aus dem Weg. Ihre Gegner, beispielsweise die Väter, waren so präsent, dass es für sie in der Jugendzeit kein Ausweichen gab. Wären ihre Kindheitserfahrungen subtiler gewesen, würden Menschen mit negativen Erfahrungen auf eine andere Weise Anerkennung suchen. Sie würden nicht in dieser starken, bipolaren Wahrnehmung der Welt verhaftet sein. Die dominante Art, in der sie im Sinne der Zivilcourage handeln, nimmt das Wesen derer an, durch die sie selbst früher unterdrückt wurden, obwohl es ihnen nicht um ihre eigene Verteidigung, sondern um die Verteidigung anderer Menschen geht. Gerade hierin liegt ihre Stärke, aber auch ihre Schwäche, die sie selbstkritisch reflektieren lernen müssen.

Menschen, die von Unruhe getrieben sind

Immer wieder begegnete ich couragierten Menschen, die sehr schwer zu befriedigen sind und sich als Wanderer auf einem langen Weg sehen. Sie definieren sich als Suchende nach sich selbst. Ihr Wunsch, die Welt zu verändern, die Umwelt zu retten oder anderen Menschen zu helfen, setzt voraus, dass sie sich selbst retten, helfen und schützen. Diese Persönlichkeiten sind oft von vielen Selbstzweifeln geplagt.

Menschen mit starkem Freiheitsdrang

Unter den Menschen, die Mut zeigen, befinden sich tatsächlich viele mit starkem Freiheitsdrang. Ziel und Motivation vieler mutiger Menschen sind nicht nur Werte, sondern gerade der Wert der Freiheit an sich. Es geht ihnen um die Erhaltung der Werte von Integrität, Unversehrtheit, Freiheit, Schutz für Menschen, die gedemütigt oder verletzt werden. Es geht ihnen um die Gerechtigkeit, um die Verteidigung von Minderheiten, um den Schutz von Bedrohten und Gefährdeten.

Sie sind überempfindlich gegen jede Art von Bevormundung. Manche von ihnen haben Zeiten der Unfreiheit erdulden müssen, weil sie sich als Oppositionelle staatlichen Auflagen widersetzten, andere von ihnen erlebten in der Kindheit Unterdrückung und Freiheitsberaubung.

Ihre Wirkungskraft aber hängt an der Frage, wie hoch ihr persönliches Verantwortungsgefühl entwickelt ist. Ein Attribut der Freiheit ist, Verantwortung zu übernehmen. Nur wer um Selbstverantwortung weiß und darum kämpfen kann, wird Freiheit erhalten und Freiheit vergrößern.

Fazit: Die Motive und Beweggründe sind also ganz unterschiedlich, manchmal auch gar nicht altruistisch. Mutige Leute sind ganz normale Menschen, die oft keine herausstechenden Eigenschaften oder Veranlagungen haben oder haben müssen.

Bei Zivilcouragierten kann man außer einigen Vorbildern im Allgemeinen kein ausgeprägt höheres Moralverständnis als bei anderen feststellen. Es handelt sich bei couragierten Menschen selten um Gut-Menschen, sondern um ganz gewöhnliche Menschen.

So sagte J. F. Kennedy sehr treffend: »Um Zivilcourage zu beweisen, bedarf es keiner außerordentlichen Fähigkeiten. [...] Die Gelegenheit bietet sich früher oder später jedem von uns. Auf welchem Kampfplatz des Lebens auch Mut gefordert wird, welches Opfer wir unserem Gewissen auch bringen müssen – Verlust von Freundschaft, von materiellem Vorteil, von Gemütsruhe, ja sogar Achtung unserer Mitmenschen –, jeder von uns muss letzten Endes immer wieder allein entscheiden, welchen Kurs er einschlagen will. Wir können aus historischen Berichten lernen und Hoffnung und Eingebung von ihnen empfangen – doch nicht Zivilcourage selbst. Diese muss jeder in seiner eignen Seele suchen.«[39]

Zusammenfassend muss man leider feststellen, dass Menschen, die Zivilcourage – wie auch immer geartet – leisten, in unserer schnelllebigen Zeit zu wenig Beachtung finden. Gerade diese Nichtbeachtung sollte kein Hinderungsgrund sein, sondern uns umso mehr motivieren. In der politischen und geschäftlichen Welt geht es meistens um Macht und Umsatz und nicht um Werte und schon gar nicht um ein Bewusstsein für das Wohlergehen der anderen.

»Um Zivilcourage zu beweisen, bedarf es keiner außerordentlichen Fähigkeiten. Die Gelegenheit bietet sich früher oder später jedem von uns. Jeder von uns muss letzten Endes immer wieder allein entscheiden, welchen Kurs er einschlagen will.«

J. F. Kennedy

Diese aufgelistete »Entmythologisierung« der einzelnen Charaktere mag im ersten Augenblick ernüchternd sein. Unser Idealbild handelt doch immer von Menschen mit besonders ausgeprägten Denk- und Urteilsfähigkeiten und von kreativen Persönlichkeiten, die ein ganz besonders ausgeprägtes Verantwortungsgefühl für das Gemeinwohl haben. Sie haben die Kraft, sich gegen öffentliche Ungerechtigkeit zur Wehr zu setzen.

Aber eigentlich birgt dieses so heterogene Bild auch eine Befreiung in sich. Es öffnet uns die Tür, uns selbst in den Prozess hineinzubegeben. Wir alle erkennen uns irgendwo wieder; für keinen von uns ist die Tür auf dem Weg zu einem mutigen, authentischen Leben verschlossen. Aus Biografien mutiger Menschen erkennen wir, dass Mut und Risikobereitschaft zur Zivilcourage weder angeboren noch aus einer intellektuellen Einsicht entstanden sind. Vielmehr entspringt die Bereitschaft aus den praktischen Auseinandersetzungen mit dem Leben.

Wenn Zivilcourage in ihrer reinen Form auftritt, dann findet man sie bei Menschen, die prosozial und altruistisch sind. Wenn Zivilcourage auftritt, wie sie meistens auftritt, nämlich instinktiv und unüberlegt, dann stehen dahinter Menschen, die in all ihren Strukturen alltäglich sind. Genau darin liegt auch Hoffnung.

Grundsätzlich halten wir fest, dass couragierte Menschen in jedem Fall in ihrer Wirkung ein Mehrwert für andere sind. Sie verteidigen Schwächere und nehmen den Kampf mit den Stärkeren auf. Sie vertreten oft humane Werte, handeln überwiegend gewaltfrei und zeichnen sich meistens durch Empathievermögen aus.

Auswirkungen unterlassener Zivilcourage auf den Einzelnen

»An allem Unrecht, das geschieht, ist nicht nur der schuld, der es begeht, sondern auch der, der es nicht verhindert!«[40]

Konrad Adenauer schreibt an den Bonner Pfarrer Bernhard Custodis am 23. Februar 1946: »Ich glaube, dass, wenn die Bischöfe alle miteinander an einem bestimmten Tage öffentlich von den Kanzeln aus dagegen Stellung genommen hätten, sie vieles hätten verhindern können. Das ist nicht geschehen, und dafür gibt es keine Entschuldigung. Wenn die Bischöfe dadurch ins Gefängnis oder in Konzentrationslager gekommen wären, so wäre das keine Schande, im Gegenteil. Alles das ist nicht geschehen, und darum schweigt man am besten.«[41]

Bis zum Kriegsende ist kein deutscher Bischof, weder auf katholischer noch auf evangelischer Seite, aus politischen Gründen inhaftiert worden. Tatsächlichen Widerstand gegen das Regime leisteten in der Kirche nur Pfarrer, Gemeinden und einzelne Christen. Sie hatten, wie die Listen der Opfer aufweisen, auch die ganze Last der Verfolgung zu tragen. Nicht selten haben Kirchenleitungen den aus politischen Gründen Inhaftierten und Verurteilten sogar die Solidarität verweigert. So z. B. ging es Dietrich Bonhoeffer, dem ausgerechnet die bekennende Kirche »den Platz auf der Fürbitteliste verweigerte«[42].

Das Gefühl, versagt zu haben

Ich selbst denke in meinem Leben an verschiedene Situationen unterlassenen Mutes zurück. Erst kürzlich habe ich den Mut, für einen Menschen lächerliche Termine zu verschieben, nicht aufgebracht. Ich meinte wegen Zeitdruck gegen meine innere Stimme den Flieger nicht verpassen zu dürfen. Die Trauer über mein Versagen spüre ich immer noch deutlich, während ich diese Zeilen schreibe. Ich formuliere diese Trauer, die ich mir hätte ersparen können, in Form eines Nachrufes:

Jede Wahrheit braucht einen Mutigen, der sie ausspricht.[43]

Nachruf

Lieber G.G.
Manchmal wird uns von einem Augenblick zum anderen plötzlich Mut abverlangt. Wir spüren das in Form einer »inneren Stimme«, und dann müssen wir uns ganz kurzfristig entscheiden. Vor einigen Wochen traf ich Dich im Café Bilderbuch in Berlin Schöneberg. Ich war erschrocken darüber, wie abgemagert Du warst, verzehrt von Deinen Sorgen der hinter Dir liegenden Monate, nachdem ein unter Einsatz aller Deiner Reserven aufgebautes Projekt scheiterte. Sorgenvoll und erschöpft stöhntest Du Deine Furcht heraus, wie lange Deine Frau und Deine Familie diese Belastung wohl noch aushalten würden. Ich lud Dich zum Essen ein, zückte eine Geldnote und gab Dir noch meine dringende Einladung nach Basel mit auf den Weg, Du mögest Dir auf meine Kosten ein Flugzeug zu mir nehmen, wenn es zu unerträglich würde. Ich schaute auf die Uhr, die Zeit bis zu meinem

Abflug war begrenzt. Am nächsten Tag wartet ein arbeitsreicher Tag, Mitarbeiter drängen mit aktuellen Anliegen, Bitten um dringende Rückrufe etc. In mir schrie eine andere Stimme: »Nimm Dir jetzt Zeit, sage alle Termine ab, reiß Deine Brieftasche auf, geh mit ihm auf die Bank, geh ein Risiko ein für diesen Mann, bleibe die nächste Nacht bei ihm und seiner Familie.«

Ich habe all das nicht gemacht. Ich bin nicht zur nächsten Bank gegangen, ich bin nicht bei Dir geblieben, ich habe die anderen Termine für Dich nicht abgesagt. Ich habe mich verabschiedet, habe mich ins nächste Taxi zum Flughafen gesetzt, habe innere Rechtfertigungen gesucht. Einige wenige Tage später stand ich auf dem Friedhof. Als ich in die Augen Deiner Kinder und Deiner Frau schaute, wusste ich, dass ich auf diese innere Stimme hätte hören müssen, die mich Tage zuvor deutlich genug gemahnt hatte, meine Pläne zu ändern, um Dir in dieser Verzweiflung näher zu sein.

In mir schrie eine andere Stimme: »Nimm Dir jetzt Zeit, sage alle Termine ab, geh ein Risiko ein für diesen Mann, bleibe die nächste Nacht bei ihm und seiner Familie.«

Von mir wäre ja nur ein wenig Mut verlangt worden, Termine zu verschieben, einige Kunden zu enttäuschen, ein finanzielles Opfer zu bringen. Ich habe all das nicht getan. Ich habe Dich in der Stunde Deiner Verzweiflung allein gelassen, und ich habe bis heute die Verzweiflung Deiner Familie nicht abmildern können.

Johannes Czwalina, Basel, 16. Oktober 2007

Belastung für die folgenden Generationen

Karl-Otto Saur beklagt, dass der Opportunismus seines Vaters auf sein ganzes Leben einen Schatten gelegt hat. Sein Vater gleichen Namens war während des Nazi-Regimes verantwortlich für Hitlers Ankurbelung der Kriegsrüstung und für den Nachschub von Zwangsarbeitern.

»Wir Kinder haben keine Fragen an den Vater gestellt, es wurde geschwiegen bis zum Tod. Für mich war mein Vater ein schlechter Vater und ein feiger dazu. Die Antriebsfeder meines Vaters war grenzenloser Opportunismus gewesen, und den spüre ich auch in mir. Es gab Situationen in meinem Leben, da habe ich diesen Opportunismus so in mir gefühlt, dass ich dann genau das Gegenteil gemacht habe, nur weil ich nicht so sein wollte wie er. Ich habe mich immer wieder gefragt, wie ich mich verhalten hätte an meines Vaters Stelle damals in der Diktatur. Ich habe keine Antwort gefunden. Als er starb, habe ich nicht geweint.«[44]

Zunahme von innerer Unruhe, innerem Unfrieden, Verlust des Selbstwertgefühls oder Zunahme von Gleichgültigkeit, Abgestumpftheit

Romeo Dallaire wurde 1993 Kommandant der Uno-Friedensmission in Ruanda. Als das Schlachten in Ruanda begann, forderte der Blauhelm-General vergeblich Verstärkung. Das Grauen lässt ihn bis heute nicht los. Zweimal wollte er sich in der Zwischenzeit das Leben nehmen. Er wurde 1946 geboren. Im Jahre 2000 schied er aus gesundheitlichen Gründen aus der Armee aus.

Für das Schweizer Nachrichtenmagazin Facts gab er in der Aprilausgabe 2004 ein Interview:

Facts: General Dallaire, viele Überlebende des Völkermordes in Ruanda sehen in Ihnen einen Helden. Sind Sie ein Held?

Romeo Dallaire: Nein, im Gegenteil. Hunderttausende Menschen wurden ermordet. Wie kann man mich unter diesen Umständen einen Helden nennen? Ich habe einiges getan. Doch letztlich habe ich versagt.

Facts: Fühlen Sie sich schuldig am Tod dieser Menschen?

Romeo Dallaire: Ja, absolut. Ich war verantwortlich. […] Man hätte das Morden, nachdem es begonnen hatte, stoppen sollen. Ich denke, wir hätten alle mehr tun können. Ich z. B. hätte deutlicher und öfter informieren können, um wenigstens einige internationale Hilfsorganisationen aufzurütteln. Wir wussten, dass Massaker geplant waren. [...] Wir wussten, dass die Hutu-Milizen fähig sein würden, in kurzer Zeit Tausende von Menschen zu töten. Wir hatten Waffenlager gesehen, aber den genauen Plan kannten wir nicht. Wir wussten nicht, wie und wann sie zuschlagen würden. All das hatte uns ein Informant erzählt. Doch in New York hielt man die Informationen nicht für glaubwürdig. Ich sah, dass sich die Lage zuspitzte, doch mir waren die Hände gebunden. Was ich alles gesehen habe? Wie viele Stunden haben Sie Zeit? Kurz gesagt, der Teufel schaute im Paradies vorbei und brachte jeden um, der ihm in die Hände fiel. Ich habe täglich zehn, zwölf, fünfzehn Massaker gesehen. Die Zentrale in New York wusste über alles Bescheid. Wir schickten jeden Abend ein Fax. Doch niemand war gewillt, einzugreifen.

Facts: Wie verarbeiteten Sie das tägliche Sterben?

Romeo Dallaire: Nach einiger Zeit ließ ich ein paar Ziegen in unser Hauptquartier bringen. Ich wollte dem allgegenwärtigen Tod etwas Lebendiges entgegensetzen. Sie schissen alle Büros voll.

Facts: Sie wollten sich zweimal das Leben nehmen?

Romeo Dallaire: Zweimal. Ich war völlig traumatisiert. Ich machte schließlich eine Therapie. Ich lebe heute mit meinen Pillen wie ein Diabetiker mit seinem Insulin.

Facts: Sie haben ein Buch über Ihre Erlebnisse in Ruanda geschrieben. War das auch eine Art Therapie?

Romeo Dallaire: Nicht wirklich. Aber ich schüttelte damit eine weitere Bürde von meinen Schultern: Verantwortlichkeit. Ich wollte nicht, dass ich das Erlebte vergesse, doch gleichzeitig hatte ich Angst vor der Erinnerung. Deshalb dauerte es sieben Jahre, bis ich mit dem Schreiben anfing. Und drei Jahre, bis das Buch fertig war. Ich erlebte alles noch einmal.

Auswirkungen gelebter Zivilcourage auf den Einzelnen

»Mut steht am Anfang des Handelns, Glück am Ende.«[45]

Durch Mut festigt man Mut und die Persönlichkeit, man stärkt innere Überzeugungen und schafft bessere Beziehungen.

Für den Handelnden überwiegen bei gelebter Zivilcourage im Allgemeinen die Vorteile.

Viele haben später die Erkenntnis, dass sie schadlos noch mehr Mut hätten investieren können.

Vorteile

Genugtuung

Wir kennen das gewisse Gefühl der Genugtuung, wenn wir Hemmnisse überwunden haben. Beispielsweise, wenn wir jemandem in akuter Not geholfen oder jemanden in seine Schranken verwiesen haben. Zivilcourage erspart uns das schlechte Gewissen und den Zwang, vor uns selbst Ausreden erfinden zu müssen, weil wir den Kopf eingezogen und einen anderen in seiner Not allein gelassen haben. Dieser Gewinn für das eigene Ego sollte nicht unterschätzt werden. Zivilcourage macht uns stärker und selbstbewusster. Sie zeigt uns, dass wir unserer Umgebung gar nicht so ohnmächtig gegenüberstehen, wie wir oft denken.

Positives Lebensgefühl

Der Mutige erlebt langfristig in den meisten Fällen eine Stärkung seiner Persönlichkeit, ein positives Lebensgefühl und eine Stärkung des Vertrauens.

Stärkung der Autorität

Man erlebt eine Stärkung der eigenen Autorität, ein Gefühl der Selbstwürde und eine seelische Ausgeglichenheit. Menschen, die klar ja oder nein sagen können, werden als Autoritäten viel ernster genommen. Bisweilen erlebt der Mutige späte Genugtuung.

Vorbild und Signalcharakter
Die gezeigte Zivilcourage hat Vorbild- und Signalcharakter für die nachfolgenden Generationen. Junge Menschen möchten sich an Vorbildern orientieren.

Sie ist ansteckend und motivierend
Sie bewirkt und hinterlässt oft langfristige Spuren! Wer Mut zeigt, macht Mut.

Erinnerungsmarkierungen
Zivilcourage kennzeichnet prägnante »Erinnerungsmarkierungen«.

Zivilcourage ist Hören, Sehen, Sprechen und Tun, und deswegen hinterlässt gelebte Zivilcourage prägnante Erinnerungsmarkierungen, die wir selbst und auch andere viel länger im Gedächtnis haben als andere Erlebnisse im Leben.

Der Mensch behält:
10% von dem, was er hört,
20% von dem, was er sieht,
40% von dem, was er hört und sieht,
60% von dem, was er hört, sieht und spricht,
80% von dem, was er hört, sieht, spricht und tut.

Die Verantwortungsbereitschaft wird gefördert und tritt an den Platz bloßer Pflichterfüllung.

Die Würde wird gestärkt. Wenn man durch Zivilcourage an seinen Werten festhält, erweitert man dadurch seine persönliche Freiheit.

Man kann die Verantwortung dafür ablegen, was die anderen sagen, wenn man überzeugt ist, dass es richtig war, was man gesagt hat.

Konrad Latte gehörte zu den 1423 Berliner Juden, die die Nazidiktatur als Untergetauchte überlebt haben, weil ihnen in dieser Zeit etwa 50 »normale« Bürger, allen Gefahren zum Trotz, durch ihre Zivilcourage beim Untertauchen geholfen hatten. Deshalb hat sich Latte nach dem Krieg entschlossen, in Berlin zu bleiben.

Geholfen hatte ihm u.a. Ursula Meissner, die heute in Genf lebt.

Sie hatte der bedrohten Familie Latte, die sie nicht kannte, Unterschlupf gewährt und sich dabei selbst in höchste Gefahr gebracht. Dieser jüdischen Familie Latte öffnete die damals 20-jährige Schauspielerin, die am preußischen Theater unter Gustaf Gründgens spielte, 1944 in Berlin die Tür. »Hier können Sie erst einmal bleiben«, begrüßte sie die Familie. Sie sagte nicht: »Einer kann bleiben« oder: »Höchstens zwei Tage könnt ihr bleiben.« Sie nannte keine Bedingungen.

»Mut steht am Anfang des Handelns, Glück am Ende.«

»Es war das erste und das letzte Mal«, erinnert sich Konrad Latte, »dass wir den Luxus genossen, uns alle drei unter einem Dach verstecken zu können. Später haben wir das niemandem mehr zugemutet.« Die Wohnung in der Schivelbeiner Straße in Berlin war für Familie Latte die erste Station ihres Lebens im Untergrund. Ursula Meissner hatte ihre Gäste im Haus als »ausgebombte« Freunde vorgestellt. Die Geräusche in der Wohnung ließen sich von interessierten Nachbarn sowohl von oben als auch von unten verfolgen. Es dauerte auch nicht lange, bis Ursula Meissner von einer Anwohnerin angesprochen wurde: »Ihre ausgebombten Freunde sehen aber ziemlich jüdisch aus!«

In einem Telefonat mit mir im Juli 2001 und in einem Brief an mich vom 31. August 2001 antwortete die inzwischen 78-jährige Ursula Meissner auf die Frage, warum sie das getan hat:

»Ich habe nur meine Pflicht getan, was nichts weiter bedeutet, als ein moralisches Gesetz zu befolgen. In meinem Fall handelt es sich nur um einen bescheidenen Beitrag von Hilfe – vielleicht eine ris-

kante Hilfe – in einer Zeitepoche, in der die ganze Welt ähnlich hätte handeln müssen. Ich versuchte die, die Unglaubliches erdulden mussten und die Opfer wurden von unverzeihlichen Gräueltaten, zu schützen. Ich tat, was ich für nötig und richtig hielt, und wünsche nur, ich hätte tausendmal, hunderttausendmal mehr tun können. An die Risiken habe ich nicht gedacht. Man will doch morgens noch in den Spiegel schauen können. Ich war Deutsche. Was in meinem Land zur Hitlerzeit geschah, hat mich tief, tief, tief beschämt. Ich konnte es nicht mitmachen, aber ich musste es ja auch nicht mitmachen. Jede mögliche Bestrafung wäre an mir abgeglitten wie Wasser an Vogelfedern, denn ich wusste, ich hatte recht gehandelt.«

Nachteile

Couragiertes Handeln erleichtert nicht unbedingt den Alltag mutiger Menschen. Sie sind größeren Risiken und unangenehmeren Folgen ihres Tuns ausgesetzt als andere.

Man kann seinen Ruf aufs Spiel setzen, Zuneigung verlieren, Empörung von Menschen auf sich ziehen, Achtung verlieren, die Karriere gefährden, den Beruf verlieren, Benachteiligungen erleben. Auch wenn Mut und Zivilcourage eine Tugend sind, heißt das nicht, dass der Widerspruch, der darin beinhaltet ist, erwünscht ist. Denn überwiegend sind ja Anpassung und Unterordnung gewünscht. Der Mutige muss sich mental darauf einstellen, dass ungebührliche oder unangenehme Reaktionen auf ihn zukommen. Er muss sich auf aggressive Reaktionen innerlich einstellen, und er muss damit rechnen, dass möglicherweise nie jemand von seinem mutigen Handeln etwas erfährt, geschweige denn dieses honoriert.

Es gibt mutige Handlungen im Alltag, die uns alle betreffen und kurzfristige Nachteile bringen können, und es gibt mutige Taten, welche »die Welt verbessern« und auch mit dem Tod bezahlt werden können. Bei Menschen, die aufgrund mutiger Taten ihr eigenes Leben einbüßen, sind die langfristigen Vorteile ihres Handelns mehr für die anderen als für sie selbst spürbar. Wer

Großes wagt, muss auch Großes auf sich nehmen, darf dann aber auch mit langfristigen positiven Folgen in Form von Ermutigung und Vorbild für die nachfolgende Generation rechnen.

Beim mutigen Handeln im normalen Alltag darf man trotz Nachteilen für sich selbst nicht selten die langfristigen positiven Folgen, wie Genugtuung, genießen. Dafür halten sich die »Langlebigkeit« und »Berühmtheit« in Grenzen.

Stefania Aristo, Kronzeugin beim Fininvest-Bestechungsskandal, der Silvio Berlusconis Machenschaften offenbarte, erläutert ihren Zustand nach ihren Aussagen vor Gericht so:

»Ich war damals die Verlobte von Vittorio Dotti, einem einflussreichen Mann der Fininvest-Gruppe. Durch ihn gehörte auch ich zum Jetset. Previti war der festen Überzeugung, dass Menschen ihre Meinung nur ändern, wenn sie bestochen oder mit Gewalt behandelt werden.

Nach meinen Aussagen stellten mich die meisten Medien in Italien lange als eine verrückte Edelhure dar, die aus Neid und Eifersucht handelt. Ich habe Jahre gebraucht, um mich selbst und meinen Stolz wiederzufinden. Ich fürchte mich inzwischen, eine Straße zu überqueren, ich schaue, ob auf den Balkonen oder Hausdächern Scharfschützen versteckt sind, und zittere beim Trinken eines Kaffees, weil ich befürchten muss, dass er vergiftet sein könnte. Ich habe oft das Gefühl, durchzudrehen und wahnsinnig zu werden, paranoid. Es ist eine harte Prüfung, trotzdem normal zu leben und sich zu zwingen, nicht so zerbrechlich zu sein.«[46]

Dan Scotto, Bondspezialist bei den BNP Paribas Securities in New York, der bereits im August 2002 über die finanzielle Schieflage bei Enron schrieb, wurde wenige Wochen nach der Veröffentlichung seines Alarmreports gekündigt.

Der Leiter der Rechtsabteilung bei Arthur Andersen, der immer wieder beim Vorstand vorstellig wurde, um seine Bedenken über die Geschäftspraktiken der Filiale Houston vorzutragen, die mit der Buchprüfung des Energiekonzerns beauftragt war, wurde auf einen Außenposten versetzt.

Gerold Wipf, ein Buchhalter aus Zürich, weigerte sich im Jahr 2003, eine unaufrichtige private Rechnung seines Vorgesetzten zu visieren. Als Folge erhielt er weder den versprochenen Karriereschritt zum CFO-Titel noch seinen versprochenen Firmenwagen, sondern wurde gekündigt.

Arthur Levitt stand acht Jahre als Vermögensverwalter der SEC vor. Er warb vehement dafür, endlich das Schlupfloch zu schließen, das es Unternehmen erlaubt, die Millionenaufwendungen für ihre Optionspläne aus den Bilanzen zu rechnen. Er wollte die Wirtschaftsprüfungskonzerne zwingen, sich von ihrem lukrativen Beratungsgeschäft zu trennen, um Interessenkonflikte mit dem Tagesgeschäft zu beseitigen. Er war entschieden dagegen, die Klagemöglichkeiten von Anlegern gegen Firmen und deren Buchprüfer zu beschneiden. Als Buchhalterkriege sind diese Gefechte in die Kongressgeschichte eingegangen. In allen Fällen hat Levitt verloren. Über 50 Millionen Dollar warf die Wirtschaftsprüfungsindustrie in den Kampf. Hunderte von Lobbyisten waren im Einsatz, um Levitt zu stoppen. Und so schrieben ihm die Abgeordneten, die nach dem Gesetz die Aufsicht über die SEC führten, empörte Briefe, bestürmten den Börsenaufseher am Telefon und drohten mit einer Kürzung von Stellen und Geldern. Entnervt gab er schließlich auf. Heute sagt er, dass dies sein größter Fehler war.[47]

Der Journalist *Julius Fucik*, der im April 1942 in Prag von der Gestapo verhaftet wird, schreibt in der Gefängniszelle seine »Reportagen unter dem Strang« und kann sein Manuskript aus dem Gefängnis schmuggeln lassen. Im Mai 1943 wird er nach Deutschland verschleppt, zum Tode verurteilt und in der Nacht vom

7./8. September 1943 gemeinsam mit 185 anderen Verfolgten des NS-Regimes in Berlin Plötzensee ermordet. Er schreibt: »Ich möchte, dass man weiß, dass es keinen namenlosen Helden gegeben hat, dass es Menschen waren, die ihren Namen, ihr Gesicht, ihre Sehnsucht und ihre Hoffnungen hatten, und dass deshalb der Schmerz auch des Letzten unter ihnen nicht kleiner war als der Schmerz des Ersten, dessen Name erhalten bleibt [...].«[48]

An der Münchner Universität findet sich im Frühjahr 1942 um *Hans und Sofie Scholl und Alexander Schmorell* eine Gruppe von Studenten zusammen, die sich der totalen Vereinnahmung durch den Nationalsozialismus entziehen. Sie werfen Hunderte von Flugblättern u. a. in den Lichthof der Universität. Sie werden von einem Hausmeister gestellt und der Gestapo übergeben. Als führende Mitglieder der »Weißen Rose« werden sie am 2. Februar 1943 zum Tode verurteilt und am gleichen Tag hingerichtet. Auszug aus dem Todesurteil: »Wenn solches Handeln anders als mit dem Tod bestraft würde, wäre der Anfang einer Entwicklungskette gebildet, deren Ende einst – 1918 – war. Deshalb gab es für den Volksgerichtshof zum Schutze des kämpfenden Volkes und Reiches nur eine gerechte Strafe: die Todesstrafe. Durch ihren Verrat an unserem Volk haben die Angeklagten ihre Bürgerehre für immer verwirkt.« Gezeichnet Dr. Freisler.

Claus Schenk Graf von Stauffenberg sagte folgenden Satz kurz vor seiner Ermordung im Juli 1944 im Hof des Bendlerblocks: »Es ist die Zeit, dass jetzt etwas getan wird. Derjenige allerdings, der jetzt etwas zu tun wagt, muss sich bewusst sein, dass er wohl als Verräter in die deutsche Geschichte eingehen wird. Unterlässt er jedoch die Tat, dann wäre er ein Verräter vor seinem eigenen Gewissen.«

Janosz Korzcak begleitete seine Waisenkinder im Vernichtungslager Treblinka 1942 in die Gaskammer.

Pater Maximilian Kolbe ging stellvertretend für einen Familienvater in den Hungerbunker, wo er am 14.08.1941 durch eine Phenolspritze getötet wurde.

Der St. Galler Polizeikommandant Hauptmann *Paul Grüninger* rettete in den Jahren 1938 und 1939 mehrere hundert jüdische und andere Flüchtlinge vor der nationalsozialistischen Verfolgung und Vernichtung. Trotz schweizerischer Grenzsperre nahm er sie in St. Gallen auf, missachtete die Weisungen des Bundes und übertrat auch Gesetze, um die Flüchtlinge zu schützen. 1939 wurde Paul Grüninger von der St. Galler Regierung fristlos entlassen. 1940 wurde er vom Bezirksgericht St. Gallen wegen Amtspflichtverletzung und Urkundenfälschung verurteilt. Er wurde verfemt und später vergessen. Bis zu seinem Tode lebte er in Armut. 1993 ist Paul Grüninger durch die St. Galler Regierung politisch rehabilitiert worden. 1994 hat der Schweizer Bundesrat eine Ehrenerklärung für Paul Grüninger veröffentlicht.

Allen gemeinsam ist die tiefe Überzeugung, dass das Festhalten an dem, was ihre persönliche Würde ausmacht, wichtiger ist als das Festhalten an ihrem physischen Leben.

Auswirkungen gelebter Zivilcourage auf die Gesellschaft

Einzelne Menschen haben mit Zivilcourage Revolutionen ausgelöst, mitgeholfen, Kriege zu beenden, Menschenleben gerettet, Stadtviertel verändert und Landschaften geschützt, Unrecht vermieden und beseitigt, die Atmosphäre bei der Arbeit freundlicher gemacht, die Rechte von Schwachen und Unterdrückten wiederhergestellt, für mehr Menschlichkeit im Alltag gesorgt.[50]

Es gibt sehr viele Beispiele dafür, dass eine Anzahl lebenswichtiger Themen den Regierenden eigentlich erst durch Bürgerinitiativen aufgezwungen wurde. Das Denken der Mutigen, die sich einmischen, ist ein ursachenorientiertes Denken, während das politische Handeln oft nur Symptome behandelt, um Machtstrukturen und Wirtschaftsinteressen unangetastet zu lassen.

In Norwegen hatte die Zivilcourage eine andere Qualität als im Dritten Reich und zeigt eindrücklich, wie viel man durch geschlossene Zivilcourage erreichen kann: Mitglieder des obersten Gerichtshofes legten geschlossen ihre Ämter nieder, 800 von 860 Pfarrern legten ihre Ämter nieder und predigten ohne Einkommen weiter, 12 000 von 14 000 Lehrern weigerten sich, dem nationalsozialistischen Lehrerbund beizutreten, und nahmen zum Teil Deportation auf sich, sodass in Norwegen schlussendlich den Nationalisten die Niederlage beschert wurde.

Die meisten Deutschen nahmen es widerspruchslos hin, als deutsche Juden aus ihren Häusern geholt und in die Lager abtransportiert wurden.

»Wir haben euch befohlen, nicht mehr öffentlich von diesem Mann (Jesus) zu sprechen und seinen Namen bekannt zu machen. Und was tut ihr? Ihr redet, bis auch der Letzte in Jerusalem es gehört hat.« Aber Petrus und die anderen Apostel antworteten: »Man muss Gott mehr gehorchen als den Menschen« (Apg. 5, 27 – 29; 4, 17 – 19). Gäbe es eine christlich abendländische Kultur, wenn sich diese Menschen hätten einschüchtern lassen?

Der bayrische Hofgerichtspräsident antwortete 1651 auf den Befehl des Kurfürsten Maximilian: »Urteile nach der Meinung der Regierung zu fällen? In einem solchen Falle wäre ich lieber Sauhirt als Präsident.«

Eine gute Nachricht für Feiglinge

Wer wagt es, sich den daherdonnernden Zügen entgegenzustellen?

Es sind die kleinen gelben Blümchen zwischen den Gleisschwellen.

Was unterscheidet mutige Menschen von nicht mutigen Menschen?

Trivial gesagt, nur ein Prozess! Es gibt nicht grundsätzlich den einen mutigen Menschen. Vielmehr ist es ein Prozess, den jeder Einzelne, wenn er nur will, durchgehen und als Mutiger wieder verlassen kann. Unerwartet oft finden wir unter denen, die deutliche Spuren der Zivilcourage hinterlassen haben, introvertierte, *ausgesprochen ängstliche* Leute, die dann durch Ereignisse oft zur Überraschung ihrer Umgebung ihre Schüchternheit überwunden haben. Diese Menschen kennzeichnet, dass sie für die Erhaltung ihrer persönlichen Würde Opfer brachten.

Mutige Menschen sind Menschen, die Angst kennen. Mut hat also immer etwas mit Angst zu tun.

Mit Neugier und Faszination habe ich schon als Jugendlicher den Biografien mutiger Leute nachgespürt und dabei folgende Entdeckung gemacht: Bei diesen sogenannten mutigen Menschen handelt es sich in der Regel nicht um kraftvolle, unerschrockene Grundnaturen. Kaum einen Tarzan oder Winnetou konnte ich unter ihnen entdecken!

Nein, sie sind überhaupt nicht anders. Ich habe bemerkt, dass auch diese Menschen zunächst selbst ihre eigene feige Grundnatur schmerzlich erkennen. Sie unterscheiden sich eigentlich nur dadurch von anderen, dass sie dies so nicht hinnehmen wollen, dass sie nichts beschönigen und auch sich selbst schon gar nicht in der Heldenrolle sehen wollen, obwohl sie Heldenhaftes vollbringen. Mutige Menschen sind Menschen, die Angst kennen. Mut hat also immer etwas mit Angst zu tun. Mut ist nicht denkbar ohne Angst, Risiko und Unsicherheit.

Was kann man denn nun konkret tun, um mutiger zu werden?

Sehr wichtig ist, dass man aktiv wird! Der erste Schritt zum Mut besteht darin, seine Angst zuzugeben. Das wiederum heißt: ohne Angst keinen Mut. Erst, wenn ich das Risiko kenne, das ich eingehe, die Angst spüre und trotzdem das Notwendige tue, beweise ich Mut. Mut schämt sich nicht der Angst, lässt sich aber auch nicht von ihr bestimmen.

Mut heißt, der Angst ins Auge zu sehen. Da geht es zunächst darum, die Mutbremsen auf der Gefühlsebene zu erkunden und ihnen einen Namen zu geben: »Was muss ich befürchten, wenn ich risikofreudiger handle?« Die Auseinandersetzung mit den eigenen Ängsten führt nicht selten zu der Entdeckung, dass viele davon unbegründet sind. Je mutiger ein Mensch wird, desto deutlicher wird er seine Ängste benennen und zugeben können. Mut entfaltet sich am stärksten, wenn jemand trotz seiner Ängste das Lebensnotwendige wagt, wenn er sich nicht hinter seinen Schwächen versteckt, sondern trotzdem seine Möglichkeiten nutzt und seine Begabungen entfaltet. So ist der persönliche Fortschritt im Umgang mit Mut nicht das Ergebnis heroischer Augenblicke, sondern das Resultat kleiner Schritte auf der Handlungsebene. Man kann dabei ja langsam und stufenweise vorgehen. Man kann dort beginnen, wo die Aktion, falls sie scheitert, keine großen Konsequenzen hat. Hauptsache, die eingefahrenen Trampelpfade verlassen, auch wenn das anfänglich Angst macht. Mut gründet auf dem Wissen um meine Einmaligkeit. Ich darf sein, der ich bin, und werden, der ich sein kann.

Diesen mutigen Menschen wird es mit der Zeit immer wichtiger, sich selbst treu zu bleiben, auch unter Druck, um ihre Würde zu erhalten. Sie bringen die feine Stimme des Gewissens, die man jeden Tag tausendmal ignorieren kann, nicht zum Schweigen. Sie erkennen zuerst die Notlage der Gefährdeten. Die Gefahr, in die sie sich selbst bringen, ordnen sie unter. Sie sind damals wie heute bereit, ihrer Selbstachtung zuliebe ein Risiko auf sich zu nehmen.

Zug um Zug werden Mut und Zivilcourage für sie eine beständige Eigenschaft im Umgang mit anderen, eine stetig wachsende Verbindung von Charakter und Persönlichkeit. Sie räumen dem unabhängigen Denken, dem Bewusstsein für das, was sie als Recht und Unrecht empfinden, eine höhere Autorität ein als dem beherrschenden Zeitgeist oder dem Gruppenzwang. Sie begreifen schließlich, dass es keine Zivilcourage gibt, ohne einen Preis dafür zu zahlen, der bisweilen auch sehr hoch sein kann, aber nicht so hoch wie die Einbuße der Authentizität.

Ghandi schreibt über sich: »Während andere auf Versammlungen ihre Meinung äußerten, saß ich schweigend da. Nicht, als hätte es mich nie zum Reden gedrängt. Aber ich war in Verlegenheit, wie ich mich ausdrücken sollte. Alle übrigen Teilnehmer schienen mir besser unterrichtet zu sein. Auch kam es oft vor, dass gerade dann, wenn ich meinen Mut zum Sprechen zusammengerafft hatte, das Thema gewechselt wurde. Erst in Südafrika bezwang ich die Schüchternheit, obwohl ich sie nie ganz überwunden habe. Es war mir unmöglich, ohne niedergeschriebenen Text zu sprechen. Wann immer ich einem fremden Publikum gegenübertreten sollte, bekam ich Hemmungen und ich vermied es, zu sprechen, wo ich nur konnte.«[50]

Der Prozess, mutiger zu werden, kann auch psychologisch erklärt werden. In der psychologischen Therapie behandelt man Ängste bestens mit einer Konfrontationstherapie. Das heißt entweder Konfrontation in *sensu*, indem man sich mit der Angst gedanklich auseinandersetzt, z. B. indem man an eine Spinne *denkt*. Oder Konfrontation in *vivo*, indem man sich konkret mit der Angst auseinandersetzt z. B. eine Spinne *anfasst*.

Weiter wird vom Mutigen verlangt, dass er das tut, was er als richtig empfindet, eigene Fortschritte anerkennt, sich selbst wertschätzt und durch Erfahrungen lernt. Ohne Selbstvertrauen keinen Mut!

Mutiger wird man auch durch Selbstermutigung und dieser Prozess der Selbstermutigung führt zu mehr Selbstvertrauen, was wiederum eine Basis für Mut darstellt. Der Selbstermutigung kommt also eine wichtige Rolle zu. Manche Menschen brauchen es, dass sie sich von Zeit zu Zeit kritisch betrachten und harsche Selbstkritik ausüben. Selbstkritik an sich ist nichts Schlechtes, denn durch sie lernen wir uns besser kennen und können unsere Schwächen erkennen und an ihnen arbeiten. Jedoch sollte Selbstkritik nur mit Maß geübt werden. Das Ziel der Selbstermutigung ist eine positive realistische Selbsteinschätzung mit Fokus auf die positiven Seiten. Schon Seneca meinte: »Ich habe begonnen, mir mein eigener Freund zu sein. Damit ist schon viel gewonnen, denn man kann nie mehr einsam sein.«

Fazit: Um mutig zu werden, muss man sich Folgendes bewusst machen: *Jeder* kann mutig werden, wenn er will, ohne *Angst* kein Mut, *Ängste* erkennen und sich mit ihnen *konfrontieren,* Mut ist die *Balance* zwischen Feigheit und Leichtsinn, *Aktiv* werden.

3. Lösungen

Vom Gefangensein der Angst zur Freiheit des Mutes

Der Angstkreislauf

Das Verhältnis zwischen Macht und Opportunismus auf der einen Seite und zwischen Mut und Zivilcourage auf der anderen Seite kann nicht gegensätzlich genug beschrieben werden.

Der Machtgierige wählt den Weg des Opportunismus. Opportunismus verändert Menschen zu anpassungswilligen, konformistischen Wesen und raubt ihre Authentizität. Angst und Ohnmacht, aber auch Wut, die aus der Ohnmacht kommt, sind die ständigen Begleiter der Macht. Angst wird aber gerade in den oberen Etagen tabuisiert. Dennoch wird die Angst vor dem Verlust der Macht als ständige Bedrohung erlebt. Das kann ich aus vielen Beratungsgesprächen ableiten. Tägliche Faktoren wie Stress, Konflikte, Neid, Konkurrenz, erhöhter Koffeinkonsum, Antidepressiva, Alkohol verstärken die Angst.

Das unangenehmste und am weitesten verbreitete Phänomen, das mir in meinem ganzen Berufsleben auf Schritt und Tritt begegnet, sind die Opportunisten, die sich durch Schleimen, Unterwürfigkeit, Vortäuschung von Loyalität, nach oben super freundlich, nach unten arrogant und überheblich ihren Karrierepfad bahnen und auf diese Weise ihre Macht vergrößern wollen. Opportunismus offenbart die Grundhaltung von Feigheit, die wir überall dort finden, wo es um Macht und Machterhaltung geht. Viele, die nach Macht suchen, wählen für ihr Ziel den Weg des Opportunismus, oder anders gesagt: den Weg der Feigheit.

Die Kronzeugin des Fininvest-Bestechungsskandals Stefania Ariosto beschreibt im Zusammenhang von Silvio Berlusconis Machenschaften dessen Mittelsmänner und Geldbriefträger so: »Sie verhielten sich Berlusconi gegenüber absolut unterwürfig. Sie kleideten sich wie ihr Chef, schnitten sich die Haare so wie er, bewegten sich und redeten alle so wie der ›Cavaliere‹. Es war erstaunlich und abstoßend zugleich, wie winzig diese Machos vor ihrem Stammesfürsten wurden.«[51]

Die einen wissen nicht wirklich, was sie möchten. Sie führen aus, was von ihnen erwartet wird, und versuchen nicht, mit ihren eigenen Vorstellungen Veränderungen zu bewirken. Sie lassen die Obrigkeit über sich verfügen, erwarten dafür als Gegengabe Schutz oder mehr Macht.

Die anderen sind in Auseinandersetzungen, die vom Machtprinzip geleitet werden, ständig einbezogen. Sie sind davon geprägt, nicht anzuerkennen, was der Konkurrent sagt. Dieser wird oft abgewertet und als unfähig hingestellt. Der angstgeprägte Machtkreislauf ist das dominierende Prinzip unseres Alltags. Weil dieser Kreislauf uns alle umgibt, bewirken bloße Appelle zu mutigem und authentischem Handeln meistens keine echte, dauerhafte Veränderung, es sei denn, eine innere Tür könnte aufgeschlossen werden im Sinne einer Erschütterung des Systems. Im Folgenden möchte ich diese Tür suchen und beschreiben.

Die Gegensätzlichkeit zwischen Macht und Angst sowie Stärke und Mut lässt sich an einfachen Modellbildern darstellen.

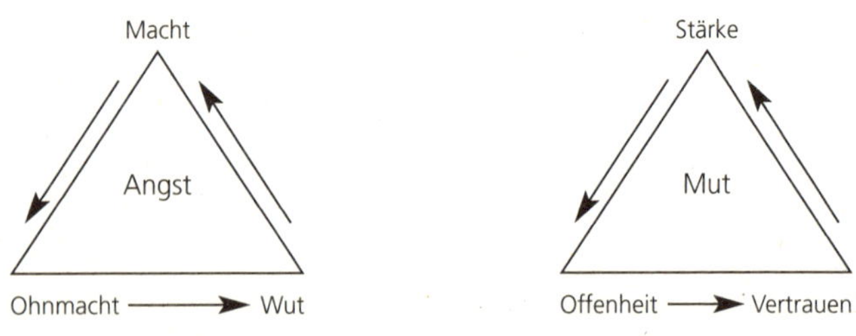

Macht erzeugt bei dem von der Macht Betroffenen Ohnmacht. Die natürliche Reaktion auf das Gefühl der Ohnmacht ist Wut. Wut richtet sich gegen den, der die Macht ausübt. Wer nicht mit Wut reagiert, reagiert mit Opportunismus, um verschont zu bleiben oder seine persönliche Macht auszubauen. Der Motor, der die Dynamik in diesem Machtdreieck in Bewegung hält, ist die Angst. Auch der Mächtige hat Angst, vom CEO bis zum einfachen Mitarbeiter. Angst, seine Machtstellung und seinen Status zu verlieren. Den in der Grafik gezeigten Machtstrukturen kann sich keiner entziehen. Jeder nimmt als Betroffener oder Beteiligter am allgegenwärtigen Poker der Macht teil. Wer Angst zugibt, macht sich angreifbar, verletzlich. Letztlich spielt es bei Ängsten keine Rolle, ob sie berechtigt sind oder nicht. Ängste sind, egal, wie realistisch oder unrealistisch sie wahrgenommen werden, eine Tatsache.

Nicht nur Macht und Angst stehen in einem Zusammenhang, sondern auch Macht und Ohnmacht. Von den Machthabern wird Macht mit allem Möglichen verbunden, nur nicht mit dem Gegenteil – mit Ohnmacht. Aber Ohnmacht ist im täglichen Arbeitsprozess der ständige Schatten der Macht: Viele Mächtige haben Angst vor der Ohnmacht, vor einem Moment, eine Situation nicht mehr beeinflussen zu können, keinen Handlungsspielraum mehr zu haben.

Ein Manager meinte: »Ohnmacht empfindet man z. B. in einer Restrukturierungsphase, in der man eine Liste bekommt mit dem Auftrag: Du musst so und so viele Leute abbauen. Dann fühlt man sich ohnmächtig. Man muss dann eine Maßnahme realisieren, die einem persönlich total zuwider ist. Das ist Ohnmacht.«

Rudolf Augstein, der verstorbene Herausgeber der Zeitschrift *Spiegel*, äußerte zum Thema Ohnmacht: »Ach, ich war keine Macht, ich war eine halbe Ohnmacht!«

Der Psychoanalytiker Mario Erdheim stellte fest, dass bei Machtmenschen pathologische Züge nicht Ursache, sondern Folge der Macht sind: »Die Mächtigen leugnen, dass sie verletzlich sind. Je mehr Macht jemand hat, desto verletzlicher wird er.

Denn der Mächtige entwickelt ein Misstrauen gegenüber seiner Umwelt. Und dieses Misstrauen wird immer größer, je länger er es schafft, an der Macht zu bleiben. [...] Wie ein Minenarbeiter bei der Arbeit zwangsläufig eine Staublunge bekommt, so bekommt der Mächtige die Paranoia. Das Gefühl, niemandem vertrauen zu können, führt zu einer Art Verfolgungswahn und der Realitätsverlust schreitet voran. [...] Der Preis der Macht ist die Unfähigkeit zu lieben. Es gibt ein bitteres Gespür der Mächtigen für die eigene Liebesunfähigkeit, die mit der Einsamkeit zusammenhängt. Ich traue niemandem mehr, noch nicht einmal der Frau, die ich liebe. Die Macht lässt die Mächtigen vereisen [...] Es müsste den Mächtigen vor Dienstantritt ein Beipackzettel mitgegeben werden über die Nebenwirkungen, die der Konsum der Macht verursacht.«[52]

Auf den Aspekt der Macht geht auch der Psychologe Werner Groß ein: »Der Preis, den jemand für seine Karriere zahlt, das ist eine totale Außenorientierung. Ich sage immer, dass sind Leute, die formschön, stoßfest, bruchsicher und abwaschbar sind. Nach außen tun sie so, als seien sie makellos.«[53]

Das Gefangensein in diesem »Angst-Macht-Dreieck« ist unser großes Hindernis auf dem Weg zur authentischen Persönlichkeit. In diesem Dreieck kann kein Vertrauen aufgebaut werden, welches die Grundlage von Authentizität und Mut ist.

Ungeeignete Reaktionsmuster, dem Angst-Macht-System zu entkommen

Bevor wir uns der Deutung des »Mutdreieckes« zuwenden, lassen Sie uns einen Blick auf die ungeeigneten Versuche werfen, dem Angst-Macht-System zu entkommen: Wir unterscheiden dabei zwischen reaktiven und aggressiven Verhaltensmustern.

Reaktive Verhaltensmuster

Durch Depression
Wer von Ohnmachtsgefühlen erfüllt ist, kann in eine Depression verfallen. Damit entzieht man sich dem Machtkampf. Man ist für den Machthaber nicht mehr erreichbar. Der Mensch verweigert sich seiner Lebenssituation und entzieht sich damit der Auseinandersetzung. Das Ganze spielt sich oft auf der *unbewussten* Ebene ab. Depression ist in diesem Fall ein »fixiertes« Ohnmachtsgefühl.

Durch Resignation
Der Resignierende verweigert sich auf der *bewussten* Ebene und muss deshalb nicht krank werden. Er ist ein apathischer Mitläufer, er hat sich mit der Unlösbarkeit abgefunden und sieht keinen Sinn mehr, weiterzukämpfen. Der Resignierte steigt durch seine Resignation aus dem Machtkampf aus und zieht sich auf seine Privatinsel zurück.

Durch Regression
Die häufigste Haltung, die sich aus Ohnmachtserfahrungen ableiten kann, ist die Regression. Regression heißt, sich mit den Umständen abgefunden zu haben, weil man sie sowieso nicht ändern kann. Der Regressive selbst ist sich seines Rückzuges oft *nicht bewusst*. Der Rückzug geschieht jedoch durch bewusste Anerkennung der Verhältnisse. Die Verantwortung wird weiterdelegiert, und Pflichterfüllung und Gehorsam (Opportunismus, Anpassung) treten an ihre Stelle. Statt Auseinandersetzung geschieht Anpassung. Viele Menschen in den vergangenen Diktaturen oder in der heutigen Welt der globalisierten Dominanz haben die Anpassung als Überlebensmuster gewählt.

Im Wirtschaftsleben gibt es viele Menschen, die sich bedingungslos den Diktaten des Marktes unterwerfen. Sie leisten Gehorsam und verstehen es mehr und mehr, ihr persönliches Gewissen, die Fähigkeit zum Hinterfragen, auszublenden.

Diese Menschen erleben sich selbst in einem Zwiespalt. Sie möchten nach ihren persönlichen Wertvorstellungen leben und handeln, auch wenn das Umfeld oder die Vorgesetzten anders denken. Jedoch stellen sie fest, wie sie immer mehr dominiert werden von der Haltung, sich anzupassen, um Konflikte zu vermeiden. Der Regressive geht keine Konflikte ein, geschweige denn, dass er sie aktiv sucht. Konflikte eingehen kann nur derjenige, der sich nicht auf dem Rückzug befindet, sondern in der Konfliktsituation dem eigenen Handeln einen Sinn zuschreibt sowie Ziele und Mittel kennt. Für die Regressiven ist das innere Bedürfnis, diesen Sinn zu suchen, im Allgemeinen eher gering. Die Anpassung der Regressiven ist immer eine passive Zustimmung, aber keine aktive Überzeugung. Es handelt sich nicht um Menschen, die sich eigenverantwortlich zum Wohle der anderen aus ihrer Reserve locken lassen. Die Regressiven können die eng gesteckten Grenzen durchaus mit einer erfüllenden Tätigkeit oder Lebensweise verknüpfen. Sie versuchen innerhalb von Grenzen, die ihnen auferlegt worden sind, trotzdem eine gewisse Kreativität zu verwirklichen.

Der Regressive beruft sich selbst oft auf seine Loyalität. Aus Autoritätsangst wird eine Tugend gemacht, indem sie als Loyalität bezeichnet wird. Der innere Anpassungszwang wird zur Tugend der Loyalität erhoben.

Aggressive Verhaltensmuster

Durch nach außen gezeigte Wut und Aggression

Wenn sich aus dem Ohnmachtsgefühl Wut entwickelt und ein aggressives Potenzial freigesetzt wird, geht der ohnmächtig Wütende auf den Mächtigen los. Er versucht die Machtverhältnisse zu verändern, was aber nichts mit Mut zu tun hat. Gesteuerte, kanalisierte Wut könnte Veränderung bewirken. Explosive Wut hingegen wirkt zerstörerisch und verändert nichts zum eigenen

Nutzen. Aber ganz gleich, wie der Ausgang ist, das Angst-Macht-Dreieck bleibt erhalten. Die Aggressionen einfach herauszulassen bringt noch keine Lösung. Nur selten gelingt es, Aggressionen so zu äußern, dass der andere nicht verletzt wird und nicht wieder zurückschlägt. Eine Kränkung kann nicht durch eine andere geheilt werden. Das Rache- und Vergeltungsprinzip bewirkt niemals Veränderungen zum Positiven, heilt die selbst zugefügten Wunden nicht und darf nicht als Mut angesehen werden.

Durch Verdrängung

Verdrängung ist auch ein Weg, um sich dem unheilvollen Kreislauf des Angst-Dreiecks zu entziehen. Verdrängte Wut verwandelt sich in eine gegen die eigene Person gerichtete Zerstörungsenergie. Die nach innen verdrängte Wut benutzt den Körper, um zu Wort zu kommen. Die gewalttätigste Folge der Verdrängung in Form einer Autoaggression ist der Selbstmord. Wer Suizid begeht, um dem Leiden an diesen Machtkämpfen zu entkommen, tötet nicht nur sich selbst, sondern versucht mit sich auch den übermächtigen Machthaber, den er nicht stürzen konnte, zu töten. Weil man nicht von ihm freikommt und nicht das sein kann, was man sein möchte oder was seinem inneren Ideal entspricht, glaubt man fälschlicherweise, Selbstzerstörung sei der einzige Weg, ihn endgültig loszuwerden.

Oftmals wird versucht, die Angst zu verdecken und zu überspielen. Kurzfristig funktioniert diese Taktik ganz gut. Langfristig aber ist dies wieder eine Form der Verdrängung, des Davonlaufens. Man will sich nicht mit der Angstsituation konfrontieren, sei dies bewusst oder unbewusst.

Solange unser Fühlen und Denken im Angst-Macht-System gefangen sind, können wir keine tiefgreifende Haltung eines Lebensstils des Mutes und der Zivilcourage entwickeln.

Unsere wirtschaftliche Welt wird durch die so dargestellte Angststruktur dominiert. Solange unser Fühlen und Denken im Angst-Macht-

System gefangen sind, können wir keine tiefgreifende Haltung eines Lebensstils des Mutes und der Zivilcourage entwickeln.

Eines Tages erhielt ich nach einer Radiosendung einen Anruf von einer Führungskraft, die mich dringend sprechen wollte. Er hatte minutiös einen Amoklauf gegenüber einigen namentlich benannten Kollegen vorbereitet, weil er in dem Gefühl des Eingesperrtseins in dem oben gezeichneten Macht-Angstkreislauf keinen anderen Ausweg sah, als seiner grenzenlosen Aggression auf diese Weise einen Weg zu bahnen. Während eines ganzen Jahres schien es uns allen zu gelingen, die einzelnen Elemente, die zu diesem Zustand führten, zu benennen und abzubauen. Dann erreichte mich unerwartet ein Telefonanruf, ich solle sofort zu ihm kommen: Die gesamte zuvor nach außen gerichtete Aggression richtete er jetzt gegen sich selbst. Bevor wir ihn erreichen konnten, verstarb er durch Selbstmord.

Natürlich ist dieses Beispiel sehr extrem. Es macht aber unser Gefangensein im Macht-Angst-Kreislauf deutlich, dem wir weder durch aggressive noch durch reaktive Fluchtversuche entkommen.

Wir alle sind in unserem Arbeitsumfeld sehr stark vom Macht- und Rivalitätsprinzip geprägt und kennen oft nichts anderes. Machtbehauptetes Verhalten entspringt aber der Angst, im Konfliktfall zu unterliegen und ausgestoßen zu werden. Macht haben, recht haben, überlegen sein, das sind die Treiber im Machtkreislauf. Das Machtdenken lässt nur Verlierer oder Sieger zu.

Der Mutkreislauf

Der innere Motor und das wachsende Grundgefühl im Mut-Stärke-Dreieck sind nicht mehr Angst, sondern Mut. Unser Lebensprinzip muss klar sein. Es geht nicht um Herrschen und Macht, sondern um Leben und Stärke.

Das Mut-Stärke-Dreieck verfolgt demgegenüber nicht als Ziel den Machtausbau, sondern Leben.

Unser Lebensprinzip muss klar sein. Es geht nicht um Herrschen und Macht, sondern um Leben und Stärke.

Um aus dem negativen Kreislauf der Angst herauszukommen, ist Mut nötig. Wer seine Angst nicht kennt, kann auch keinen Mut entwickeln. Mut schämt sich nicht der Angst, lässt sich aber auch nicht von ihr bestimmen. Aber wie kriegen wir Mut? Der erste Schritt dazu besteht in der Offenheit, seine Angst zuzugeben. Wenn ein Mensch es beispielsweise fertigbringt zu sagen, ich habe Angst, zeigt er Mut.

Der Mut zur Offenheit ist der erste wichtige Schritt, um aus den alten Verhaltens- und Beziehungsmustern herauszukommen.

Echte Stärke zeigt sich an ihrer Wirkung. Wo einer zu sich selbst steht – sowohl zu seinen Schwächen als auch zu seinen Stärken –, macht er sich zwar angreifbar und verletzlich, seine Wirkung aber ist ermutigend. Das hat eine ansteckende Wirkung, durch die authentische, lebendige Beziehungen entstehen.

Ein Mensch, der im Mutsystem beheimatet ist, kann sich mit gleicher Motivation sowohl für authentischen Gehorsam als auch für authentischen Ungehorsam entscheiden.

Prüfen Sie nach diesen hier so einfach gegenübergestellten Systemen die Manager oder Arbeitgeber, mit denen Sie zusammenarbeiten wollen:

Das Selbstverständnis des egogesteuerten: »Ich bin die Firma«, gegenüber dem Selbstverständnis des authentischen Leaders: »Ich diene der Firma.«

Die persönliche Priorität des einen: »Meine Bedürfnisse zuerst!« Die persönliche Priorität des anderen: »Meine Aufgabe zuerst.«

Die Haltung des einen: »Ich bin der Beste«, die Haltung des anderen: »Ich gebe mein Bestes!«

Das Arbeitsverhalten des einen: »Ohne mich geht gar nichts!«, das Arbeitsverhalten des anderen: »Ohne mein Team kann ich nichts erreichen!«

Die Strategie des einen verkörpert extensive Expansion, die

Strategie des anderen verkörpert die Konzentration auf das Wesentliche.

Die Bezugspersonen des einen sind in erster Linie die Anliegen der Shareholder, die des anderen in erster Linie die Anliegen der Stakeholder. Wir haben die Freiheit, zu entscheiden, welchem der beiden Systeme wir unsere Hingabe geben wollen.

Laotse sagte schon: Wer selbst glänzen will, ist nicht erleuchtet.

Wie schaffen wir persönlich den Wechsel vom Macht- zum Mutsystem? Folgende Gedanken sollen uns auf diesem Weg unterstützen.

Von der Angst zum Vertrauen

Das Gefangensein im Macht-Angst-Kreislauf der normalen Karriere[54] ist wie ein Haus ohne Fundament und ohne Dach. Es ist sehr witterungsanfällig und instabil! Ein Haus sollte auf festem Grund gebaut sein. In der Grafik am Ende dieses Abschnitts stellt der Grund die authentische Identität dar. Darin kann das Fundament des Hauses, welches von außen nicht sichtbar ist, eingegraben werden. Das Fundament sind die Werte unseres Handelns, die sich aus unserem Selbstwert, auf dem sich unsere Authentizität gründet, entwickeln. Die gesunde Karriere gründet sich auf dem für andere unsichtbaren Grund. Weiter benötigt der erfolgreiche Wechsel vom Macht-Angst- in den Stärke-Mut-Kreislauf ein Dach. In den Stürmen des Lebens wird schnell offenbar, ob das Karrierehaus über ein Dach verfügt.

Der Managerberater Baldur Kirchner beschreibt in seinem Buch »Benedikt für Manager«[55] die metaphysische Dimension des Menschseins, das Dach, folgendermaßen: Derjenige, der nur seine kurze Karriere und die daraus resultierenden Insignien der Macht im Sinne hat, kann kaum seinem Macht-Angst-Kreislauf entkommen. Ein solcher Mensch wird sich darüber hinaus mit der Sicht für charakterliche Werte im beruflichen Alltag schwerer tun. Warum sollte er nach charakterlichen Werten streben, wenn es keinen übergeordneten Sinn des Lebens gibt und der biologische Ablauf die einzige bedeutende Wirklichkeit ist?

Kirchner weist auf Untersuchungsergebnisse des Basler Psychiaters Balthasar Staehelin hin. Nach Staehelin sind die negativen Verhaltensformen im beruflichen Alltag die Folge eines Weltbildes, welches auf Äußerlichkeiten reduziert wurde. Offensichtlich fehlt hier das »Dach«! In einem solchen Weltbild regiert die Angst vor Verlust, die jeden Menschen auf die eine oder andere Art eines Tages einholt. Die Abwehrmechanismen gegenüber dieser Angst zeigen sich als ich-bezogene Verhaltensformen, die das berufliche Zusammenleben schwer machen.

C.G. Jung beschreibt dieses metaphysische Dach als »zweite« Wirklichkeit – im Vergleich zur »ersten« Wirklichkeit[56], mit der er die Bedingtheit des Ichs meint, die sich innerhalb von Zeit, Raum und individueller Biografie befindet. In dieser Wirklichkeit findet sich auch die Urangst mit all ihren Folgen. Staehelin kommentiert C.G. Jung: »Psyche, Soma und Geist des Menschen sind in dieser ersten Wirklichkeit abhängig von den Prinzipien der Kausalität und Endlichkeit.«[57]

Das Wesen der zweiten Wirklichkeit, des Daches, ist nach Staehelin identisch mit dem Elementargefühl des Urvertrauens. Diese zweite Wirklichkeit ist erkennbar durch adäquate Erlebensformen:

- Das Vertrauen, geführt zu werden
- Das Selbstwertgefühl
- Das Verstehen des Alltagslebens aus der Sicht metaphysischer Impulse, weil die Gewissheit einer metaphysischen Zugehörigkeit besteht
- Eine konstruktive Kommunikationskultur, durch die der Mitmensch Zuwendung empfängt
- Die Gelassenheit im Umgang mit negativen Gefühlen anderer
- Innere Unabhängigkeit von materiellen Werten

- Ein weitgehend souveräner Umgang mit Leben und Tod
- Eine positive Interpretation schicksalhafter Erfahrungen
- Die Liebesfähigkeit im Sinne der Akzeptanz fremder Bedürfnisse
- Die Konzentrationsfähigkeit im Gespräch
- Ein verantwortlicher Umgang mit Freiheit
- Das Akzeptieren der eigenen Existenz und damit auch die Fremdakzeptanz der Mitmenschen.[58]

Führende, die in ihrer Lebensgestaltung mit diesem metaphysischen Dach rechnen, strahlen Zuversicht aus. Sie sind fähig, den Geführten Mut zuzusprechen und sie seelisch aufzurichten.

Woraus ergibt sich Zivilcourage? Durch übergeordnete Werte wie Gerechtigkeitssinn, Mitleid, ein geschärftes Gewissen, Solidarität, Glaube.

Dagegen tun sich diejenigen in Führungsrollen schwer, die stark von der Urangst geprägt sind. Die Worte *Angst* und *Enge* sind wortgeschichtlich miteinander verwandt. Das Wort Angst kommt aus dem Lateinischen (lat.: angustia = Enge) und bedeutet Enge. Starke Angstgefühle gehen stets mit einer Bewusstseinsverengung einher. Die Führungskraft, die ihr Dasein nur von der materiellen Seite her betrachtet, wird mit der Zeit Enge, Angst und Bange erfahren.

Prof. B. Staehelin weist darauf hin, dass die Trennung des menschlichen Ichs von Geborgenheit zu Disharmonie, Haltlosigkeit und Sinnlosigkeit führt. Es handelt sich um eine Angst vor Krieg, Krankheit, Untergang und Verlust. Durch seine psychiatrische Erfahrung meint Staehelin, dass sich der Verlust des Spirituellen oft als Psychosomatik in sechs Gruppen zeigt:

1. Kopfbeschwerden
2. Herz-Kreislauf-Beschwerden
3. Atmungsbeschwerden
4. Beschwerden im Magen-Darm-Trakt
5. Vegetative somatische Beschwerden

6. Psychische Grundverstimmungen und psychopathologische Begleiterscheinungen, wie Minderwertigkeitsgefühle, Gefühle der Vereinsamung, Resignation und Erschöpfung, Schlafstörungen, übergroße Sorgenanfälligkeit, Gefühle der Bedrohung, Panikzustände, Neigung zu Suchtverhalten, Neigung zur Überbewertung von Statussymbolen.

Ist die metaphysische Dimension, das Dach, von der Urangst besonders überschattet, so hinterlässt dieses kaum auslöschbare Spuren im Persönlichkeitsbild.

Das Gefühl der Urangst produziert die Mechanismen der Angstabwehr, die uns den beruflichen Alltag immer schwerer machen. Diese Mechanismen, von denen sich der betroffene Mensch unbewusst eine Linderung seines belasteten Lebensgefühls erhofft, stellen die dunkle Kehrseite zum Urvertrauen dar. Es handelt sich um Merkmale, die auffallend auf zahlreiche Führungskräfte in Wirtschaft, Politik und Kirche zutreffen.

B. Staehelin skizziert einige davon:[59]

- Abwehr von Konfliktbeziehungen, pseudo-harmonische Gesprächshaltung.
- Überaus harte Kommunikationsweise, die eine innere Unzufriedenheit erkennen lässt.
- Egoistische Grundhaltung im gesamten Grundstil – diese Haltung zeigt sich etwa in der Unfähigkeit, zuzuhören oder die Bedürfnisse anderer Menschen wahrnehmen zu können.
- Zwanghafte und narzisstische Tendenz zur Selbstverwirklichung.
- Unreflektierte und unselbstständige Beziehung zu ideologischen Inhalten, sodass extremer Fanatismus und Mitläuferei hervortreten können.
- Selbstgerechtigkeit, die eigenes Tun zur Norm für andere erhebt.

- Pharisäertum, die das Einhalten der Norm über das Liebeshandeln stellt.
- Elementare Resignationsstimmung als Zeichen von Hilflosigkeit und Selbstzweifeln.
- Sinnleere über den eigenen Lebensentwurf und die damit verbundene Suche nach Freizeitaktivitäten.
- Besitzdenken, das zu übersteigerter materieller Absicherung führt und damit Neid- und Geizgefühle produziert.
- Generelles Machtstreben, um über andere Menschen Herrschaft auszuüben.
- Überbewertung von Sexualität und körperlichem Wohlbefinden.
- Allgemein hedonistische Tendenzen.
- Definition des eigenen Selbstwertes ausschließlich über die Leistung, sodass Versagensangst und Perfektionsstreben das Lebensgefühl eines solchen Menschen bestimmen.
- Rationale Kritikabwehr, sodass eine kritische Selbstreflexion unterbunden wird.
- Die Unfähigkeit, persönliche emotionale Erlebnisinhalte zu verbalisieren.

Kirchner stellt zusammenfassend fest: »Ist die metaphysische Dimension, das Dach, von der Urangst besonders überschattet, so hinterlässt dieses kaum auslöschbare Spuren im Persönlichkeitsbild.«[60]

Authentizität ist unser Schlüssel

»Und hier war ich nun, mittlerweile von dieser kapitalistischen Logik vereinnahmt, rekelte mich auf den Polstern meines BMWs und genoss Schuberts Winterreise, während ich auf einer Kreuzung auf grünes Licht wartete. Ich führte das Leben eines anderen, nicht mein eigenes. Wie viel an der Person, die ich ›ich‹ nannte,

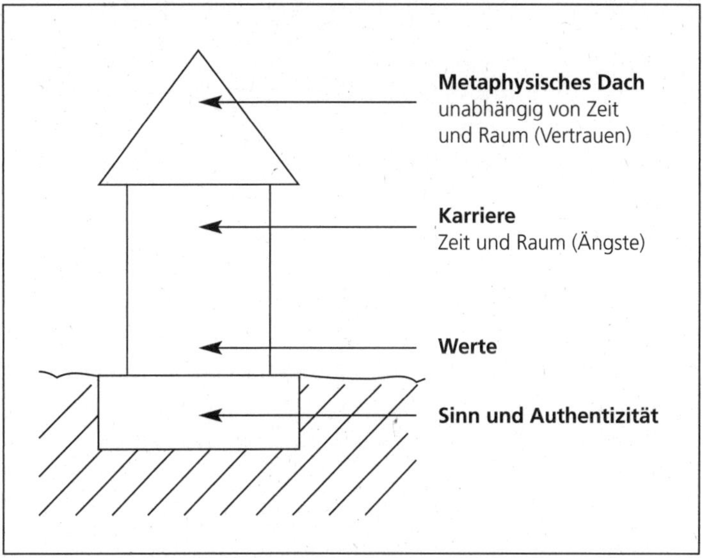

war wirklich ich? Und wie viel nicht? Diese Hände, die das Lenkrad umfassten, zu wie viel Prozent konnte ich sie mein Eigen nennen?

Für mein Gefühl versuche ich unentwegt, jemand anders zu werden, einen neuen Platz zu finden, mir ein neues Leben, eine neue Identität zu erobern. Aber jedes Mal lande ich in einer Sackgasse. Die Kulisse ändert sich vielleicht, aber ich bin immer noch derselbe unvollständige Mensch. […] Dieser Mangel definiert mich. Genauer kann ich mich nicht beschreiben.«[61]

Wenn wir erfassen wollen, warum Mut keine fakultative Nebensache, sondern ein Lebenselixier ist, müssen wir uns Gedanken über die Wurzeln machen, aus denen die Veränderungsbereitschaft wächst. Nur wenn wir diese Wurzeln schätzen, sind wir auf dem richtigen Weg. Die Wurzel für Mut und Zivilcourage ist unsere Authentizität.

Nur derjenige, der Authentizität, Charakter und Unverwechselbarkeit als unverzichtbare Werte ansieht, wird dafür kämpfen, diese Werte höher zu achten als die vordergründig positiven Folgen ihrer Verleugnung. Das Spüren des eigenen Kerns, der eigenen Authentizität, ist die Grundlage, die uns überhaupt fähig macht, Zivilcourage zu leben.

Man kann kritisch einwerfen, dass der Begriff Authentizität doch selbst in den Medien zum Modewort geworden ist. Nach Talk-Shows, in denen sich »echte« Menschen über ihre »wirklichen« Probleme unterhalten, können wir nun »echten« Seriendarstellern zuschauen, die uns in ihrem Container zeigen, wie sie wirklich sind. Viele merken nicht, dass auch diese öffentliche Selbstentblößung keine tatsächliche Authentizität ist. Gerade Big Brother ist sorgfältiger inszeniert als alle anderen Serien. Entscheiden doch die RTL-Regisseure, was vom 24-Stunden-Tag in der Sendung ausgestrahlt wird.

Nach der Vernachlässigung der Frage »Wer bin ich?« fühlen sich viele auf sich allein gestellt wertlos und neigen dazu, sich bereitwillig anzupassen. Sie geben das eigene Denken viel zu schnell auf. Sie werden passiv, sie schützen sich, indem sie sich den erwünschten Normen anpassen.

Ich kann niemals mutig leben, wenn ich nicht authentisch bin und nichts von einem »inneren Kern«, einer eigenen Identität, weiß. Wer sich immer anpasst, zeigt durch sein Verhalten, dass er mehr von äußeren Impulsen gesteuert wird als durch die Stimme des eigenen Herzens, des eigenen Gewissens, der eigenen Persönlichkeit. Der erste und eigentliche Kampf bei Menschen, die Zivilcourage leisten, findet als innerer Zweikampf statt. In ihrem Inneren findet die Auseinandersetzung statt, echt sein zu wollen. Und so ein Prozess dauert bei authentischen Menschen oft ein Leben lang an. Diese Menschen haben zuvor den Druck der Fremdbestimmung so stark empfunden, dass sie in ihrem Handeln lieber das Risiko eines Scheiterns in Kauf nah-

Ich kann niemals mutig leben, wenn ich nicht authentisch bin und nichts von einem »inneren Kern«, einer eigenen Identität, weiß.

men, als sich einem Regime einer äußerlich aufgedrückten Moral zu unterwerfen.

Ines Veith, die zwei Jahre nach einem gescheiterten Fluchtversuch in der DDR in Haft saß und ihrer Kinder beraubt wurde, schreibt in ihrer Biografie: »Ich hämmerte mir jeden Tag folgende Sätze ein: Ich werde da durchkommen! Ich werde nicht resignieren! Ich werde erhobenen Hauptes da durchkommen! Ich werde mir trotz allem meine Persönlichkeit, meine Meinung bewahren! Ich komme raus! Ich werde rauskommen.« Ihr persönliches Heilmittel während ihrer Haft war ein kleiner Zettel in Watte gepackt in ihrem Ohr, auf dem in Miniaturschrift der Satz des französischen Humanisten Romain Rolland stand: Denn es ist klar, dass die Zukunft nicht den Zaudernden gehört, sondern denen, die, ohne schwach zu werden, das durchstehen, wofür sie sich einmal entschieden haben. »Wenn es einmal so weit war, dass die Verzweiflung übermächtig zu werden drohte, brauchte ich mit der Hand nur über mein rechtes Ohr zu fahren und wurde ruhig.«[62]

Authentizität bewirkt Mut. Mut bewirkt den Wechsel von einem reaktiven zu einem proaktiven Lebensstil, und nur ein proaktiver Lebensstil bewirkt ein Höchstmaß an Lebensmut und Lebensfreude.

Authentisch leben ist lernbar. Es ist wahrnehmbar. Doch braucht es den Willen, sein Verhalten zu ändern, um sich selbst besser zu erkennen.

Was ist Authentizität?

»Es interessiert mich nicht, wo oder was oder mit wem du studiert hast.

Ich möchte wissen, was dich wirklich ausmacht, wenn alles Vertraute wegfällt und alles Gewohnte versagt. Ich möchte wissen, ob du mit dir selbst allein sein kannst und ob du magst, was du mit dir selbst erlebst.«

Authentizität ist etwas Selbsttätiges, das seinen Ursprung im eigenen Sein und nicht im Aneignen hat. Sie ist eine ursprüngliche und schöpferische Qualität. Authentizität ist Identität. Identität bedeutet eine Übereinstimmung und eine Gleichheit mit sich selbst.

Authentisches Leben ist das Bemühen, identisch zu handeln, also das eigene Denken, Fühlen und Tun im Einklang mit seinen Wertvorstellungen zu leben.

Authentisch ist ein Mensch, wenn er sich genau so darstellt, wie er selbst ist, und nur das versucht zu sagen, von dessen Gültigkeit er überzeugt ist.

Authentische Menschen versuchen in jeder Kommunikation und Führung ihre Selbstachtung zu realisieren. Sie lernen, ihren persönlichen Hang zu Macht, Anerkennung und Selbstverwirklichung abzulegen, gar ganz zu verhindern. Sie reden selbstkritisch in ihr Leben hinein. Sie tun alles, um ihre Autorität nicht mit den ihnen zur Verfügung stehenden Machtmitteln, sondern über ihre Persönlichkeit einzusetzen. Sie bauen angewöhnte kommunikative Fehler zuallererst bei sich selbst ab. Dann werden sie zu Vorbildern, die sich in entscheidenden Momenten emotional wie sozial richtig verhalten. Authentizität bezeichnet Echtheit. Echtheit ist eine deutliche und bejahende Wahrnehmung der eigenen Innenwelt und eine Unbesorgtheit um die Selbstdarstellung.[63] Sie ist nicht einfach nur durch konkrete Anleitung erlernbar, sondern erfordert die Auseinandersetzung mit den gesellschaftlichen Verhältnissen um sich herum und mit den Verhältnissen in sich als Individuum. Zu erfahren »Wer bin ich?« bedeutet, sich selbst und anderen nichts vorzumachen. Wer nicht weiß, was mit ihm los ist, wie ihm innerlich zumute ist, kann sich nach außen hin auch nicht so geben.

Wesensmerkmale unserer menschlichen Authentizität

Mit der Frage nach den besonderen Wesensmerkmalen menschlicher Authentizität beschäftigen wir uns im Allgemeinen nicht. Darum lassen Sie uns in einem ersten Schritt einige spezifische Wesensmerkmale benennen. Wir sollten darüber staunen, wie interessant und einzigartig diese besonderen Kennzeichen sind.

Wir sind Wesen, die nicht nur Intelligenz besitzen, die auch das Tier besitzt, sondern die darüber hinaus auch ein Bewusstsein ihrer selbst haben. Und doch sind wir nicht fähig, den Gesetzen der Natur zu entrinnen. »Nur ein Schilfrohr, das Zerbrechlichste in der Welt, ist der Mensch, aber ein Schilfrohr, das denkt.«[64]

Wir sind soziale Wesen (zoon politikon), deren Existenz an eine gesellschaftliche Organisation gebunden ist. Wir sind Wesen, die von Fragen und nicht von Antworten bestimmt sind. Wir sind Wesen, die etwas fabrizieren können (homo faber). Das Tier produziert nach einem instinktgesteuerten Verhaltensmuster, der Mensch nach einem Plan. Wir sind Symbole schaffende Wesen (das wichtigste Symbol, das wir haben, ist das Wort). Wir sind Wesen, die eine Sehnsucht nach Freiheit und Glück haben und durch diese vorangetrieben werden.

Wir sind Wesen, die Ziele brauchen für ihr Handeln. Wir sind religiöse Wesen (wir sind uns unserer Endlichkeit bewusst, aber können über unsere Vergänglichkeit hinausdenken).

Wir sind Wesen, die Ziele brauchen für ihr Handeln.

Wir sind Wesen, in deren Natur sich ein Drang zum Transzendenten findet, ein Drang, in der Beziehung zum anderen sich selbst zu sein (Erich Fromm).Wir sind Wesen, die ein gewisses Kontingent an Entscheidungsfreiheit besitzen (das sehr viele leider nur sehr ungenügend ausschöpfen). Viele weitere Aspekte könnten wir hier aufzählen, die uns Menschen gemeinsam sind und uns von anderen Lebewesen klar unterscheiden und uns somit einzigartig machen.

In einem zweiten Schritt entdecken wir, dass wir untereinander in keiner Weise gleich sind, sondern sehr viele Unterschiede haben. Sonst würden wir uns niemals streiten, wir würden die gleichen Farben mögen, wir würden die gleichen Ferienorte wählen, wir würden die gleiche Musik lieben etc. Ohne uns dieser Unterschiede bewusst zu werden und diese anzuerkennen, werden wir den Wert unserer Authentizität weder herausfinden noch schätzen, noch verteidigen, noch pflegen wollen. Gerade in meiner Ungleichheit zum anderen liegt das Faszinierende, das Authentische, um das es uns in diesem Kapitel geht.

Unsere Verschiedenheit beruht auf unterschiedlicher körperlicher und seelisch-geistiger Veranlagung, die wir mit auf die Welt bringen, zu der dann die besondere Konstellation der äußeren Umstände und die gemachten Erfahrungen hinzukommen.

In unserer Jugend sollte die Entwicklung zu einer einzigartigen Persönlichkeit, zu einem erkennbar eigenen Charakter, geschehen. Das Bejahen der Unterschiedlichkeit ist wichtig, weil nur unsere Andersartigkeit, unsere Besonderheit, die Gemeinschaft, in der wir leben, ergänzen und bereichern kann.

Fortschritt ist immer nur möglich, wenn man Unterschiedlichkeit erkennt und die damit verbundenen andersartigen Begabungen nutzt. Warum leben wir diese Unterschiede nicht aus? Die Tendenz zum automatenhaften Konformisten verhindert letztlich Wachstum und Entfaltung.

Ursachen für fehlende Authentizität

Unser gestörtes Verhältnis zum Thema Gehorsam

Ein gestörtes oder unaufgearbeitetes Verhältnis zum Thema Gehorsam ist eine der Ursachen für fehlende Authentizität. Viele haben in ihrer Kindheit erlebt, dass Erwachsene willkürlich oder unberechenbar mit ihrem kindlichen Ausgeliefertsein umgegangen sind, oder sie haben gar keine oder kaum Leitlinien empfangen, welche die Grundvoraussetzungen für die Entwicklung einer starken eigenverantwortlichen Persönlichkeit sind. So haben sie kein reifes Verhältnis zum Thema Mut entwickeln können, weil sie kein gesundes Verhältnis zum Thema Gehorsam entwickeln konnten.

Im Kindesalter werden dafür die Wurzeln gelegt, dass Kinder den Eltern gegenüber einen natürlichen, gesunden Gehorsam entwickeln können. Ein Kind muss Gehorsam leisten und kann ihn noch nicht hinterfragen. Kinder lernen im frühen Lebensalter Gehorsam, damit sie zunächst einmal ungefährdet heranwachsen und später auch zunehmend eine eigene Selbstbestimmung entwickeln können. Ab einem bestimmten Alter aber beginnt eine Fehlentwicklung, wenn man dem Kind nicht die Freiheit zum straflosen Hinterfragen gibt. Wer früh erleben muss, beim Thema Gehorsam seine Gefühle abzuspalten, kann keine authentische Persönlichkeit entwickeln. Eine solche Person wird gemäß ihrer Prägung auch später im Leben seine Gefühle abspalten.

Diese Abspaltung der Gefühle kann sich ganz unterschiedlich äußern. Die Bandbreite reicht von der willenlosen Anpassung bis hin zur pervertierten Gewaltbereitschaft.

Vor dem Hintergrund ihres gebrochenen Verhältnisses zum Thema Gehorsam und der Abspaltung ihrer Gefühle, vereinigen diese Menschen in sich Gesinnungen, die für den gesunden Menschenverstand niemals vereinbar sind. So haben die Verantwortungsträger im Dritten Reich wegen ihrer gespaltenen Gefühlswelt aus nichthinterfragtem Gehorsam heraus im öffentlichen Leben eine andere Moral praktiziert als zu Hause, ohne sich dieser Schizophrenie bewusst gewesen zu sein. Öffentlich überließ man die Bewertung der Moral der Obrigkeit, der man zu Gehorsam verpflichtet war. Im Privaten wurden die persönlich bedeutungsvollen Werte ausgelebt. Über die damit verbundene Widersprüchlichkeit machte man sich wenig Gedanken. Der Lagerleiter von Auschwitz, Höß, galt privat als sehr moralischer Familienvater, der mit seiner Familie jeden Morgen die Morgenandacht zelebrierte und einige Tage Depressionen hatte, als seine Katze gestorben war (nachzulesen in seinen Tagebüchern), während er tagsüber die grauenhaftesten Hinrichtungen ohne Gewissensbisse mitverantwortete.

Viele Verbrecher totalitärer Systeme haben später vor Gericht ausgesagt, sie hätten nur ihre Pflicht getan. Sie hätten den Schießbefehl ausführen müssen, sie hätten nur getan, was vorgeschrieben sei. Sie hätten aus Loyalität zu ihrer Partei gehandelt.

Diese Beobachtung gilt nicht nur der Vergangenheit. Heute leistet man der marktwirtschaftlichen Dominanz oft den gleichen apathischen, vorauseilenden Gehorsam. Die Tatsache, dass der Sachzwang das Gewissen ersetzt hat, ist für viele moderne Menschen eine erträgliche Lebenseinstellung geworden. Man tut nichts dagegen, weil die moralische Verantwortung an Autoritätspersonen delegiert wird. Gehorsam leisten heutzutage viele, um ihre Ruhe zu haben und Konflikte zu vermeiden. Es ist kein aktiver, lebendiger Gehorsam, sondern ein Gehorsam aus Resignation oder Regression. So vergeht bei vielen Menschen ihr Leben, ohne dass sie kraftvoll einen gesunden Widerspruchsmut entwickeln konnten. Sie sind so stark reglementiert worden, dass sie sich wortlos, ohne darüber nachzudenken, viel zu sehr unterordnen und damit ihrem Umfeld nichts Lebensspendendes mehr weitervermitteln können. Diese Menschen werden beherrscht von dem Willen, es dem Vorgesetzten recht zu machen.

Wir müssen diesen Folgsamkeitsreflex erkennen, wahrnehmen, benennen und angehen: Der Einzelne flieht in die Kinderrolle, um den Schutz von Vorgesetzten nicht zu verlieren und auf diese Weise ein Stück an der Macht zu partizipieren.

Menschen mit resigniertem Gehorsamkeitsreflex wagen ihre Meinung auch deshalb nicht mehr kundzutun, weil sie mit der Zeit gar nicht mehr wissen, was ihre Meinung ist. Die heimliche Lösung vieler Erziehungsinstitute heißt einfach: »Du darfst nicht sein oder werden, wer du bist, sondern du musst dich so verhalten, wie die Erwachsenen es von dir erwarten.« So sind viele

Menschen von klein auf nur daran gewöhnt, zu funktionieren, den Vorgesetzten zu folgen und in Autoritätsgläubigkeit Befehle auszuführen. Mit der Zeit funktionieren sie nur noch. Die Folge ist, dass wir heute mit vielen Burnout-geschädigten Menschen konfrontiert sind. Burnout ist immer die Endstation von Fremdbestimmung. Diese Menschen bekennen dann in der Beratung ihren Zustand, dass sie zum Schluss nur noch funktioniert haben, weil sie zuvor keine Antriebskraft mehr aufbrachten, ihre Authentizität zu verteidigen.

Das Beispiel Höß veranschaulicht die Folgen von Fehlentwicklungen.

Es veranschaulicht, dass gewissenlose Regierungen die Tugend des Gehorsams für ihre eigenen egoistischen Ziele missbrauchen können, genauso, wie es auch Eltern gegenüber wehrlosen Kindern tun können.

Wir dürfen aus den Missbräuchen allerdings nicht ableiten, dass Gehorsam an sich etwas Negatives wäre.

Friedrich der Große hat sich selbst als erster gehorsamer Diener seines Staates bezeichnet, um damit auszudrücken, dass das Gemeinwohl höherrangig zu bewerten ist als das Eigenwohl.

Am 13. August 1809 sagte Goethe in Frankfurt, das Unglück der Welt [seiner Zeit] rühre doch meist davon her, dass sich alles zu Herren gebildet habe. Der Adel sei von jeher dienstpflichtig und erster Staatsdiener.

Der evangelische Theologe Dietrich Bonhoeffer, der wegen seiner Gehorsamsverweigerung im Dritten Reich zum Tode verurteilt wurde, schrieb:

»...Wir haben in dieser Zeit viel Tapferkeit und Aufopferung, aber fast nirgends Zivilcourage gefunden, auch bei uns selbst nicht. Es wäre eine zu naive Philosophie, diesen Mangel einfach auf persönliche Feigheit zurückzuführen. Die Hintergründe sind ganz andere: Wir Deutschen haben in einer langen Geschichte die Notwendigkeit und die Kraft des Gehorsams lernen müssen. In der Unterordnung aller persönlichen Wünsche und Gedanken unter den Auftrag sahen wir Sinn und Größe unseres Lebens. Unsere Blicke waren nach oben gerichtet; nicht in sklavischer Furcht, sondern in freiem Vertrauen, das im Auftrag einen Beruf und im Beruf eine Berufung sah. Es ist auch ein Stück berechtigten Misstrauens gegen das eigene Herz, aus dem die Bereitwilligkeit entsteht, lieber dem Befehl von oben als dem eigenen Gutdünken zu folgen.«

Mit Beginn des Dritten Reiches wurde diese Gehorsamsbereitschaft für pervertierte Ziele missbraucht – und die meisten Deutschen durchschauten diesen Mechanismus nicht.

So gerieten die sittlichen Grundbegriffe ins Wanken. An ihre Stelle traten nun aus pervertiertem Gehorsam entweder selbstquälerische Skrupel, die nie zur Tat führten, oder aber verantwortungslose Skrupellosigkeit.

Gerade die gehorsamen und pflichtbewussten Bürger wurden so zu Tätern.

Sie haben Menschen ausgepeitscht, ausgehungert, ihnen Schmerzen zugefügt, sie auf Todesmärsche geschickt, sie mit Gewehrkolben niedergeschlagen, eingesperrt, in Ghettos gepfercht, bombardiert. Sie haben die Mütter mit ihren Kindern auf den Armen erschossen.

Für das Zustandekommen der Massenmorde war der durch ein fehlgeleitetes Gehorsamsprinzip pervertierte Mut ein maßgeblicher Faktor. Himmler sagte in einer Rede an die SS: »Es ist keine Kunst, eine Stadt am Schreibtisch judenfrei zu befehlen, aber das praktisch durchzustehen, nicht nur hundert oder tausend Tote zu sehen, sondern zehntausend, hunderttausend, Frauen und Kinder dabei; das durchzuhalten und dabei anständig zu bleiben, da fängt das wahre Heldentum an!«

Keiner hat das Recht zu gehorchen.
Hannah Arendt

Aus alldem zieht die Theologin Dorothee Sölle zu Recht die Schlussfolgerung: »In unserer christlichen, deutschen Geschichte dieses Jahrhunderts hat Gehorsam eine katastrophale Rolle gespielt. Ich vermute, dass wir heute als Christen die Pflicht haben, den Gehorsam überhaupt zu kritisieren, und dass diese Kritik radikal sein muss.«

Fazit: Wer ein gesundes Verhältnis zum Thema Gehorsam hat, ist sich seiner Eigenverantwortung stets bewusst, bedient sich seines Verstandes und bejaht seine eigenen Gefühle, zu denen er einen gesunden Zugang hat. Er kann eine gesunde Authentizität entwickeln und in der Folge mutig sein. Menschen, deren Gehorsamsbereitschaft besonders in der Kindheit missbraucht wurde, haben es später schwer, mit vorgesetzten Autoritäten umzugehen, zwischen Gehorsam und Gehorsamsverweigerung das rechte Maß zu finden.

Inszenierung statt Leben

Eine der größten Nachlässigkeiten, die einem Menschen unterlaufen können, besteht darin, den unschätzbaren Wert seiner Einzigartigkeit aus den Augen zu verlieren. Man kann in den Perioden, in denen man seine Persönlichkeit unterdrückt hält, mit der Zeit völlig aus dem Blick verlieren, wer man eigentlich ist, und irgendwann wird man nicht mehr zwischen authentischer Persönlichkeit und Inszenierung unterscheiden können. Die inszenierte Authentizität kommt aus dem Bedürfnis, sich zu vermarkten, bei anderen gut ankommen zu wollen. Die Ursache dafür liegt in einer als nicht passend erlebten Wirklichkeit und damit verbundenen negativen Selbstwahrnehmung. Ein Mensch kann beispielsweise mit seiner Offenheit schlechte Erfahrungen gemacht haben. Diese versucht er später in jeder Kommunikation und Situation zu vermeiden. Er hebt ab und rückt in die Nähe eines Komödianten, dessen Ziel es ist, nicht verwundet oder anderswie sozial bestraft zu werden. Ein anderer Mensch wurde vielleicht im Verlauf des Lebens für ein bestimmtes Verhalten belohnt. Daraus kann er schließen, dass das belohnte Verhalten allgemein wünschenswert ist, und versucht dieses darum ein Leben lang zu wiederholen.

Eine Zeit lang kann man ganz erfolgreich die eigene Persönlichkeit und angestrebte (aber leider nicht verwurzelte) Authentizität inszenieren. Die Wahrnehmung des eigenen Selbst orientiert sich dann nicht mehr am eigenen Sein, an der Authentizität, an den eigenen Gefühlen und Fähigkeiten. Vielmehr gilt es, die eigene Persönlichkeit und den eigenen Charakter zu inszenieren und sich selbst eine Ich-Identität von außen anzueignen. Man zieht sich ein bestimmtes Persönlichkeitsprofil über, die Rolle des Erfolgreichen, Selbstbewussten, Selbstsicheren, Einfühlsamen, Rationalen, Charismatischen. Da es aber nur eine Rolle ist, hat sie keine nachhaltige Wirkung. Die Identifizierung mit dem inszenierten Selbsterleben kann so weit gehen, dass für den Betreffenden selbst und für seine Umwelt nur noch mit Mühe erkennbar ist, wer er nun wirklich ist und was an ihm echt ist, weil er die Rolle sehr *authentisch* spielt. Er hat keinen Zugang mehr zu der Erkenntnis, dass er im Grunde genommen ein Opfer von suggestiven Kräften geworden ist. Wirklichkeit ist dann nur noch, was marketingmäßig geschickt inszeniert ist. Denn alle sind überzeugt, authentisch zu leben, wenn sie ihre Rolle perfekt spielen. Dass die Inszenierungen nicht immer so glatt laufen, verdanken wir vor allem unserer Psyche, die Gott sei Dank nicht alles mit sich machen lässt. Viele Menschen wissen gar nicht mehr, was sie selbst denken und was sie von anderen übernommen haben, und sie denken auch nicht mehr kritisch darüber nach, dass ihre eigene Passivität zu vielen Missständen beigetragen hat.

Warum neigen wir zur Inszenierung? Die meisten wollen das unterschwellige Ohnmachtsgefühl verbannen, indem sie sich immer wieder neu beleben lassen durch die Erlebnisangebote inszenierter Wirklichkeit. Die Ohnmachtgefühle brechen immer dann bedrohlich durch, wenn Inszenierung nachlässt. Die Angst davor beherrscht viele Menschen. Symptome der Ohnmacht in unserer Zeit sind Überaktivität, Streben nach Kontrolle und das Streben nach Macht.

Gleichschaltung statt Unverwechselbarkeit

Kant betonte noch, dass kein Mensch zum Mittel für die Zwecke anderer gemacht werden darf. Jeder Mensch sei Selbstzweck und nicht Mittel.

In unserer Welt finden unsere Unterschiedlichkeiten und unsere unverwechselbaren Persönlichkeiten nicht mehr diese hohe Anerkennung.

Heute wird unser existentielles Menschenrecht, uns in unserer persönlichen Unterschiedlichkeit als gleichwertig ansehen zu dürfen, angegriffen. Es geht oft nach dem umgekehrten Motto: Wenn du gleichberechtigt sein willst, musst du gleich sein wie die anderen. Bist du es nicht, dann bist du auch nicht gleichberechtigt. Wir erleben dann unsere Überzeugungen und Gefühle nicht mehr als etwas Eigenes.

Lifestyle ist die teure Art, so auszusehen wie die anderen.[65]

Wir fühlen uns nur noch identisch, authentisch, wenn wir nicht aus dem vorgegebenen Raster herausfallen. Viele sehen gar nicht mehr, wie wichtig es ist, auf die eigene, unverwechselbare Identität stolz zu sein und diese verteidigen zu dürfen.

Viele glauben, dass sie mit authentischer Offenheit schlechte Erfahrungen machen würden. So versuchen sie, jede Situation zu vermeiden, in der sie verwundet werden könnten. Sie haben im Verlauf ihrer Karriere gelernt, Authentizität zu verleugnen, um sich rollengerecht zu verhalten. Rollenverhalten, wie Fairness, Courage oder Verbindlichkeit, kann man in Führungsseminaren einüben. Die Folge ist der Verlust an natürlicher Autorität.

Haben statt Sein

Der Utilitarismus unseres Alltags zielt darauf ab, dem Haben eine stärkere Realität zuzuerkennen als dem Sein. So laufen wir Gefahr, die Identität und Authentizität unserer Persönlichkeit zu verlieren, weil es bei der Konsequenz nicht mehr um unsere Persönlichkeit geht, sondern um unseren momentanen Verkaufswert.

Die erste Stufe, welche die Menschen auf ihrer Suche nach Identität hinabgestiegen sind, hieß: »Du bist nicht das, was du bist, sondern das, was du machst.« Das Motto war: »Schaffe für deinen Wohlstand so viel und so schnell du kannst, du lebst nur einmal.« Die zweite Stufe abwärts, die wir heute erleben, heißt: »Du bist nicht, was du machst, sondern, was du kaufst.« Kaufe eine andere Marke, einen anderen Lifestyle, dann bist du auch eine andere Person. Sind wir uns den Folgen dieser Denkweise bewusst? Das schnelle Ende heißt dann nämlich folgerichtig: »Wenn du das, was du bist, nicht mehr kaufen kannst, dann bist du am Ende.« Es geht nicht mehr um die Entwicklung der Persönlichkeit, ihre Entfaltung, Integrität und Authentizität, sondern um das materielle Resultat; es geht um die volle Entwicklung von Produktion.

Die Lebensqualität der Arbeitenden muss aber den höheren Wert und die höhere Priorität behalten als die Qualität des Produktes ihrer Arbeit. Wenn der Mensch nicht mehr wert ist als sein Produkt, wird in gleichem Maße der Käufer des Produktes degradiert, und auch sein Wert und seine Authentizität nehmen ab. Nach christlich abendländischer Tradition hat der Mensch als Krone der Schöpfung personale Würde und Einzigartigkeit und stellt für den wirtschaftlichen und gesellschaftlichen Bereich das Maß der Dinge dar. In diesem Leitbild waren seine Würde und Authentizität sichergestellt. Weil dies heute nicht mehr gilt, findet eine Entpersonalisierung statt, deren Ende der Verlust unserer Authentizität ist.

Wenn der Mensch nicht mehr wert ist als sein Produkt, wird er als Käufer des Produktes selbst zum Produkt degradiert.

Leider erlebt man heute Selbstwertgefühl nicht aufgrund einer Tätigkeit als liebender und denkender Einzelner, sondern auf der Basis einer erfolgreichen ökonomischen Rolle.

So werden menschliche Eigenschaften wie Freundlichkeit, Höflichkeit und Güte zu Aktivposten des Persönlichkeitspakets degradiert, die zu einem höheren Preis auf dem Personalmarkt verhelfen! Die Wertschätzung des Menschen hängt dann im Grunde vom launenhaften Urteil des Marktes ab. Plötzlich kann der Mensch wertlos sein, selbst wenn der Gebrauchswert noch beträchtlich ist. Schlussendlich ist die zum Verkauf stehende Persönlichkeit in ihrem Selbstwert noch schlechter dran als ein Mensch in den primitivsten Kulturen.

In der Beziehung zwischen Käufer und Verkäufer sind die konkreten Unterschiede der Person ausgeschaltet. In dieser Situation kommt es lediglich darauf an, dass der eine etwas zu verkaufen hat und der andere das Geld besitzt, es zu kaufen. Im wirtschaftlichen Leben sind weder Unterscheidung noch Authentizität oder Mut nötig, solange es einen Verkaufswert gibt.

Wenn man in Zürich am Airport ankommt, wird man auf einem persönlichen Plakat begrüßt: »Schön, dass Sie da sind.« Gemeint bin nicht ich, sondern mein Portemonnaie: »Schön, dass Ihr Portemonnaie da ist, wenn Sie den Franken in den Toilettenautomaten werfen, wenn Sie in das Taxi steigen, wenn Sie im Hotel absteigen.« Und wenn man den Flughafen wieder verlässt, liest man: »Schön, dass Sie da waren.« Gemeint ist aber: »Schön, dass Sie ihr Geld dagelassen haben« und: »Wirklich schön, dass Sie wieder abreisen, wenn Sie Ihr Geld aufgebraucht haben.«

So befinden wir uns in einem Sog, der uns zu einem Denken und Fühlen verleitet, welches nur noch erfüllen will, was die anderen von einem erwarten. Der Mensch verliert dabei sein Selbst, auf das sich jede echte Sicherheit eines freien Menschen gründen muss.

Dieser Identitätsverlust macht es nur dringlicher, sich anzupassen. Er bedeutet, dass man sich seiner selbst nur sicher sein kann, wenn man den Erwartungen der anderen entspricht, sonst riskiert man Missbilligung und Isolierung. Solange wir uns anpassen (können), gewinnen wir eine gewisse Sicherheit und bringen die Zweifel an unserer Identität zum Schweigen. Aber der Preis ist zu hoch.

Authentisches Leben lässt sich wiedererlernen, indem man sich auf seine ursprünglichen Kräfte besinnt, ihnen Raum gibt und sie wieder praktiziert. Wer das wagt, gewinnt an persönlicher Freiheit.

Manipulation statt Wahrheit

Die Manipulation ist der Motor, der die ganze Wirtschaft bewegt.

Die konkreten Beziehungen zwischen Menschen verlieren ihren unmittelbaren Charakter, ihren Wert an sich. Stattdessen manipuliert man einander und behandelt sich gegenseitig als Mittel zum Geschäftszweck. Auch in den persönlichen Beziehungen gelten dann die Gesetze des Marktes. Der andere als authentische Persönlichkeit wird dann zunehmend uninteressant. Arbeitgeber und Arbeitnehmer, Verkäufer und Käufer benutzen sich gegenseitig zur Erreichung ihrer wirtschaftlichen Interessen. Sie sind in ihrer Beziehung beide Mittel zum Zweck. Es handelt sich um die Beziehung zwischen Menschen, die kein Interesse aneinander haben, außer, dass sie sich gegenseitig nützen können. Und der Mensch verkauft nicht nur Waren, er verkauft sich selbst als Ware. Für jemanden, der nicht mehr Zweck, sondern nur Mittel zum Zweck ist, investiert man keinen Mut. Schon gar nicht, wenn er keinen Nutzen mehr bringt. Als abstrakter Kunde ist der andere Mensch wichtig, als konkreter Kunde ist er völlig unwichtig. Jemand, der sich selbst nur als Ware fühlt, kann kein Selbstwertgefühl entwickeln, welches aber die Voraussetzung ist für eine couragierte Handlung und Haltung. In meiner früheren Tätigkeit als Pfarrer begegnete ich immer wieder Menschen, die durch und durch unzufrieden waren. Sie meinten, nicht glücklich sein zu können, weil ihnen dieses und jenes fehlte. Ich versuchte jeweils, ihren Blick auf das zu lenken, was sie bereits hatten, statt immer auf jene zu schielen, die mehr zu haben schienen. Ich sagte ihnen: »Bedenken Sie doch mal alles, was Sie so selbstverständlich nehmen: z. B. genügend Nahrungsmittel, gesunden Schlaf, gesunde Kinder, Freunde etc.« Wie weit würde ich als Geschäftsmann in unserem vertriebsorientierten Alltag mit diesen Ratschlägen kommen? Ist Zufriedenheit nicht geradezu schädlich für das Funktionieren unseres marktwirtschaftlichen Prinzips? Ist nicht in einer Zeit, wo es um Gewinnmaximierung, um persönlichen Erfolg, um Konkurrenz geht, das Wort Zufriedenheit geradezu eine Bezeichnung für das Gegenteil aller Ziele und somit ein negativ besetztes Wort? Wer Frieden für sein Unternehmen beansprucht, könnte für seine Konkurrenten damit ausdrücken, sich vom Wettbewerb ausgeklinkt zu haben. Als ich in die Unternehmenswelt einstieg, riet man mir dringend, einen ganz anderen Weg einzuschlagen als früher, wenn unser Dienstleistungsangebot überhaupt eine Chance auf dem Markt anstrebte. Ich sollte die Kunden von ihrer Unzufriedenheit und ihrer verbesserungsbedürftigen Situation überzeugen, ich sollte Unruhe schaffen, wo Ruhe existierte, Unfrieden säen, wo Frieden herrschte. Nur so werden sie schlussendlich gewillt sein, unsere Dienstleistung zu kaufen. Man sagte es mir natürlich nicht ganz so unverhohlen, aber das war der Tenor etlicher Ratschläge. So ist auch der Büchermarkt voll von Titeln wie: »Wie überzeuge ich erfolgreich?« Das Ziel besteht nicht darin, die Zufriedenheit des Gegenübers zu sichern, sondern den Verkauf der Ware. Als kluger Verkäufer sage ich: »Mit dieser Kleidung kannst du dich nicht sehen lassen, in diesem Haus kannst du keine Gäste empfangen, mit diesen Mitarbeitern kannst du nur scheitern, mit diesem Computer kannst du nicht konstruktiv arbeiten, mit diesem Auto kannst du dich wirklich nicht mehr unter zivilisierten Menschen bewegen, mit diesem Kochherd kannst du keine wohlschmeckenden Speisen mehr kreieren etc.«

Ich kenne diverse Unternehmensberater, die systematisch Unruhe, Unzufriedenheit und damit Streit und Unglück stiften, Scherben und zerbrochene Beziehungen hinterlassen. Die Hilfsmittel, mit denen die Ware schmackhaft gemacht wird, sind nur nahe an der Wahrheit, jedoch meistens nicht die ganze Wahrheit.

Wo man auch hinsieht, gibt es falsche Fassaden. Zu viele Leute versuchen sich größer zu machen, als sie in Wirklichkeit sind. Sehr viel Geld wird heute für Imagekampagnen und schöne Fassaden ausgegeben, während dahinter das eigentliche Gebäude vor Konflikten und Ungereimtheiten zerbröckelt.

Folgende Geschichte veranschaulicht die Versuchung, uns als glorreicher auszugeben, als wir sind: Während der Golfkrise zog ein frisch beförderter Oberst in ein provisorisches Büro. Er war soeben eingetroffen und hatte mit dem Einräumen begonnen, als er einen Gefreiten mit einem Werkzeugkasten in seine Richtung kommen sah.

Weil er einen möglichst imposanten Eindruck bei dem jungen Gefreiten hinterlassen wollte, nahm er schnell den Telefonhörer zur Hand.

»Ja, General Schwarzkopf, selbstverständlich. Das halte ich für eine ausgezeichnete Idee«, sagte er. »Sie können sich auf meine Unterstützung verlassen. Vielen Dank für die Nachfrage. Halten Sie mich auf dem Laufenden, Norman. Wiederhören.« Und er hängte energisch ein und drehte sich um.

»Und was kann ich für Sie tun?«, fragte er den Gefreiten.

»Äh ... ich wollte nur schnell Ihr Telefon anschließen«, lautete die verlegene Antwort.

Ein Blick hinter die Kulissen der Fernsehwerbung mag das noch verdeutlichen: Wenn ein Staubsauger Superleistung demonstriert, werden wir vom im Hintergrund angeschlossenen monströsen Industriesauger getäuscht. Bei der lecker fließenden Schokolade handelt es sich um eingefärbtes Motoröl. Frisch gezapftes Bier wird mit Zucker versetzt, um den Schaum zu treiben. Schnellgerichte aus der Tiefkühltruhe werden mit frischen Farben aufgepeppt, damit dem Zuschauer der Appetit nicht verdorben wird. Kartoffeln werden geschminkt, um das ideale Aussehen zu erhalten.

Das wichtigste Ziel bildet der Verkauf der Dienstleistung, erst in zweiter Priorität wird in der Praxis auf das tatsächliche Wohlbefinden des Menschen geachtet, der die Dienstleistung kaufen soll.

In den USA floriert das Geschäft der Spin-Doctors. Sie sind spezialisiert auf die Kunst, Dinge in der Öffentlichkeit in einem positiven Licht darzustellen und dadurch Schaden zu »begrenzen«. Der Begriff tauchte zum ersten Mal 1984 auf während des US-Wahlkampfes in einem Leitartikel der New York Times. Sie sind Meinungsmanipulatoren, die Situationen und Sachverhalte durch einen Dreh (Spin) zu beeinflussen versuchen. Diese Spin-Doctors sind zu einer regelrechten großen Branche herangewachsen. Sie sind damit beschäftigt, die Wahrheit zu drehen und zu wenden. Für den Zuschauer oder Teilnehmer wird es immer schwieriger, Täuschung und Wahrheit zu unterscheiden. Die Notwendigkeit, Menschen und Sachverhalte besser darzustellen, als sie sind, ist das politische Klima, in welchem das Geschäft der Spin-Doctors floriert. Aber Glanz ist nur eine Eigenschaft von Oberflächen. Der äußere Glanz von Unternehmen gibt uns heute weniger als je zuvor einen Hinweis auf ihre innere Qualität!

Heute, wo mindestens in reichen Teilen der Welt viele Mängel behoben sind, sind die Menschen nicht etwa zufriedener geworden, weil sie Mängel behoben haben. Nein, lieber schaffen wir uns durch Manipulation künstlich neue Bedürfnisse, als dass wir uns dem Leidensdruck jener Langeweile aussetzen, welche erfüllte Wünsche nach sich ziehen. So sehr der Mangel anfangs dem Menschen das Leben schwer machte, so wichtig ist dieser heute für seinen Antrieb und für sein so genanntes Glück geworden. Die Perversion des westlichen Menschen ist, dass es ihm also weniger auf die Stillung seiner Mängel ankommt als auf das Kreieren neuer Mängel. Er ist so programmiert, dass er gewissermaßen von Sehnsucht getrieben ist, auf Manipulation reinfallen zu wollen, weil die Manipulation ihn von der Notwendigkeit des Nachdenkens befreit. Der römische Philosoph Seneca formulierte: »Et maiora cupimus, quo maiora venerunt.« – »Wir begehren umso mehr, je mehr uns zufällt.«

Authentizität und Wahrhaftigkeit sind das, was nicht maskiert ist. Wahrheit kann schmerzlich sein. Wahrheit ist die unveränderbare Spur, die wir in unserem Leben bereits hinterlassen haben. Wahrheit hängt mit Demut genauso zusammen wie Manipulation mit Macht. Wahrheit ist noch etwas anderes als Richtigkeit. Es gibt Rechnungen, die richtig, aber trotzdem nicht wahr sind. Richtigkeit ist eine Funktion des Verstandes, Wahrheit ist darüber hinaus eine Angelegenheit des Herzens. Wahrheit ist Verzicht auf Manipulation. Manipulation ist Schein anstelle von Sein. Hauptsache, es sieht so aus, als täten wir etwas Gutes. Manipulation führt zu Vertrauensverlust. Wo Vertrauen verloren geht, wächst Misstrauen.

Sagen wir das, was wir meinen: »Ich bin zu faul, zu dir zu kommen«, und nicht: »Ich habe keine Zeit.« Schreiben wir, was wir meinen, z. B. in Zeugnissen und Zwischenzeugnissen von Mitarbeitern. Die Wahrheit bedarf nicht des Werkzeuges der Manipulation, um noch wahrer zu werden. Wahrheit und Wahrhaftigkeit haben langfristig eine ungeheuer kreative, innovative Kraft. Manipulation ist in Wirklichkeit langweilig, farblos und flach. Sie hat keine Lebensenergie in sich.

In der Schweiz hat sich das Zürcher Arbeitsgericht 1992 geweigert, die Qualifikation »vollste Zufriedenheit« in ein Zeugnis aufzunehmen. Der Ausdruck »vollste« sei ein Pleonasmus, auch wenn er in der Zeugnissprache üblich sei. Was voll sei, sei voll und könne weder voller noch vollst sein. »Am allerstetesten, jederzeit voll empfänglich, zu unserer übervollsten Zufriedenheit«, oder: »Seine ausgezeichneten Leistungen haben unseren höchsten Ansprüchen jederzeit entsprochen.« Das Dilemma einer solchen Aussage ist, dass sie unglaubwürdig wirkt. Wer heute in einem Arbeitszeugnis aber die Wahrheit schreibt: »Er hat sich stets bemüht«, muss damit rechnen, dass der nächste Personalchef, daraus interpretiert, dass seine Fähigkeiten minimal waren. Oder wenn man schreibt: »Er hat alle Arbeiten ordnungsgemäß erledigt«, kann der Leser interpretieren: »Er hat keinerlei Eigeninitiative gezeigt«, oder: »Aufgrund seiner anpassungsfähigen und freundlichen Art war er sehr geschätzt«, könnte man aus den Zeilen zu lesen meinen, dass die Person Alkoholprobleme hat. Auch der Satz: »Wir lernten ihn als umgänglichen Kollegen kennen«, kann falsch gedeutet werden: »Wir sahen ihn lieber gehen als kommen.« Wenn man wahrheitsgemäß schreibt: »Er war sehr tüchtig und wusste sich gut zu verkaufen«, heißt das: »Er war ein sehr unangenehmer und überheblicher Typ« etc. Wenn man die Wahrheit verfälschen muss, wenn man sie verändern oder maßlos übertreiben muss, damit beim Gegenüber die wirkliche Wahrheit ankommt, dann müssen wir uns doch fragen, wie weit die Manipulation schon zu einem Wesenszug geworden ist, dass die Wahrheit bereits als Moraldelikt gehandelt wird.

Meine Ohren sind so voll von dem, was du bist, dass ich nicht einmal hören kann, was du sagst.

Jemand sagte einmal: »Meine Ohren sind so voll von dem, was du bist, dass ich nicht einmal hören kann, was du sagst.« Das, was wir sind, spricht mehr als das, was wir sagen. Nicht-authentische Menschen bereiten ihren Mitmenschen Unbehagen. Wenn Taten anders sind als Worte, werden es die anderen mit der Zeit merken, und es werden keine Fundamente entstehen, auf denen Beständiges gebaut werden kann.

Die Möglichkeiten, tragende Beziehungen aufzubauen, liegen in uns selbst, in unserem Charakter. Glaubwürdigkeit sollte unser unverzichtbares Merkmal sein. »Wir müssen das, was wir denken, sagen. Wir müssen das, was wir sagen, tun. Wir müssen das, was wir tun, dann auch sein.«

Reaktiv statt proaktiv

Viele hoffen darauf, dass sich ihre äußeren Lebensumstände verändern, und leiten von negativen Umständen ihr nur mäßiges Wohlbefinden ab. Die Wende zum Positiven erwarten sie durch Veränderung der Umstände: eine neue Liebesbeziehung, ein neuer Job, ein neuer Arzt, andere Kleidung, ein neuer Präsident etc.

Der gemeinsame Nenner all dieser Illusionen ist, dass man selbst nichts zum gewünschten Erfolg zu tun braucht oder kann, sondern dass eine außerhalb des Menschen stehende Macht plötzlich das Gewünschte bringt. Dieser Inaktivität wird nur selten widersprochen, denn nur das reaktive Reaktionsmuster bewahrt der Wirtschaft das erwartete Konsumverhalten. So bleiben proaktives originäres Denken und Handeln auf der Strecke.

Der authentische Mensch versteht sich demgegenüber als Original und erlebt sich als tätiger Urheber.

Was junge Leute brauchen, sind Menschen, die ihnen Vorbild sind, in Eigenverantwortung und Authentizität. In dem Moment, in dem diese Jugendlichen sich der eigenen Verantwortung bewusst werden, haben sie Destruktion und Kriminalität, Drogen und Resignation den Rücken zugekehrt. Solange man ihnen aber aus falsch verstandener Rücksicht jegliche Verantwortung abnimmt und sie zu Opfern ihrer Umstände erklärt, bleibt alles beim Alten.

Verantwortlich ist man nicht nur für das, was man tut, sondern auch für das, was man nicht tut.[66]

Ich zitiere aus dem Brief eines jungen Gefangenen: »Wenn die Psychologen es weiter so machen, wird uns nicht geholfen. Uns wird ein Katalog von Alibis angeboten, von denen wir uns eines aussuchen können. (Die Gesellschaft ist schuld, das Opfer ist schuld, ihr seid arm, ihr seid unschuldig, ihr seid das Opfer, ihr seid das Resultat von Kindheitskonflikten etc.) Uns hängt das zum Hals raus. Die machen aus uns bloße reparaturbedürftige Apparate und nehmen uns nicht als Menschen ernst.«

Verdeckte statt transparente Autoritäten

Der Zeitgeist ist die Signatur einer Epoche und prägt das Bewusstsein des Einzelnen. Er ist eine irrationale Autorität (die Autorität des allseits Anerkannten), eine Art Hintergrundbewusstsein. Der Zeitgeist geht immer mit Ausübung von Druck im Sinne einer emotionalen Unterwerfung einher, deren man sich aber im Alltag nicht bewusst ist. Konformität mit ihm verschafft dem Einzelnen Orientierungssicherheit[67]. Er ist das, was die tieferen Schichten individuellen Denkens und Handelns prägt[68]. Was ihm entspricht, wird allgemein als wahr angesehen.

Neil Postmann beschreibt die irrationale Machtausübung unseres Zeitgeistes. In seinem Buch »Wir amüsieren uns zu Tode« stellt er den vergangenen Zeitgeist von Orwells »1984« dem neuen von Aldous Huxleys Zukunftsvision »Schöne neue Welt« gegenüber: »Orwell warnt vor der Unterdrückung durch äußere Macht. Huxley rechnete mit der Möglichkeit, ihre Unterdrückung zu lieben und die Technologien anzubeten, die ihre Denkfähigkeit zunichte machen. Orwell fürchtete jene, die Informationen vorenthalten. Huxley fürchtete jene, die uns mit Informationen so sehr überhäufen, dass wir uns vor ihnen nur in Passivität und Selbstbespiegelung retten können. Orwell befürchtete, dass die Wahrheit vor uns verheimlicht werden könnte. Huxley befürchtete, dass die Wahrheit in einem Meer von Belanglosigkeiten untergehen könnte.«[69] Dieses Zugeschüttet-Werden mit diffusen Informationen bewirkt Ohnmacht. Der Ohnmächtige ist ohne Macht. Perfiderweise trägt dieser Zeitgeist das Gesicht der Befreiung von Orwells Überwachungsstaat, wird aber in seiner anonymen Machtausübung selbst nicht mehr als Gefahr erkannt. Worin besteht diese Machtausübung?

Informationen wird ein übertriebener Wert beigemessen. Hunderte von verstreuten Einzelfakten, die keine Beziehung zueinander haben, werden Menschen eingetrichtert, sodass ihnen zum Denken und Interpretieren und somit Orientieren und Bewerten keine Zeit mehr bleibt. Die einzelnen Tatsachen verlieren so ihre spezifische Qualität, die sie nur haben, wenn man sie im Kontext zu einem Ganzen sieht. Sie haben nur noch eine quantitative Bedeutung. Jede Tatsache ist nur noch eine weitere Tatsache. Und so sieht man vor dem Fernsehen die Reklame für Red Bull in der gleichen Wertigkeit wie einige Sekunden später die Kriegsszenen. Folge ist, dass wir seelisch die Tatsachen nicht mehr gewichten können, unser Gefühl für uns selbst verloren geht, wir letztlich orientierungslos werden und so das Gefühl für unsere Authentizität verlieren.

Alle Wahrheit kann dann nur noch als relativ aufgefasst werden. Sie wird zu einer subjektiven Angelegenheit – einer Geschmackssache. Das Denken wird zu einer Maschine, die Tatsachen registriert, aber nicht mehr die Kapazität besitzt, zu einer Bewertung zu kommen. Menschen haben den Mut verloren, in Bezug auf die wirklichen Probleme ihrer Denkfähigkeit zu trauen. Sie haben oft keinen als authentisch erkennbaren Standpunkt mehr. Bertold Brecht beklagt den Zustand mit den Worten: »Die Freiheit der Meinung setzt voraus, dass man eine hat.« Was nützt uns die Freiheit gegenüber dem Orwell'schen Albtraum, wenn wir unsere Meinung dazu vergessen haben. Dieser hier beschriebene Zeitgeist ist keineswegs eine Belanglosigkeit, sondern eine sehr ernstzunehmende irrationale Autorität und ein Angriff auf unsere Authentizität, die deswegen so perfid ist, weil man sie nur sehr schwer benennen und erkennen kann.

Tabuisierung unerwünschter Wirklichkeiten

Unerwünschte Wirklichkeiten wie Krankheit, Tod, Älterwerden etc. sind Bestandteil unseres Lebens. Ihre Ausblendung bewirkt eine Reduzierung unserer ganzheitlichen Lebenswahrnehmung. Diese aber ist die Grundlage für eine gesunde, authentische Persönlichkeitsentwicklung.

Unsere Zeit verdrängt den Tod, und damit leugnet sie einen grundlegenden Aspekt unseres Lebens. Anstatt der eigenen Sterblichkeit in die Augen zu blicken und diese dadurch zu einem starken Antrieb für das authentische Leben zu machen, zur Grundlage von Solidarität, Mitempfinden, Dankbarkeit und authentischen Gefühlen, wird diese Erfahrung verdrängt.

Die Medien lassen uns am Tod vieler Menschen scheinbar authentisch »live« teilhaben. Wir bleiben aber immer in der Rolle des Zuschauers und können jederzeit das Programm mit dem Knopf abstellen. Damit hören die verdrängten Elemente aber nicht auf. So führt die Angst vor dem Tod, die ein Teil unserer menschlichen Identität ist, unter uns ein illegitimes Dasein. In manchen Coachinggesprächen erwähnen die Klienten, dass sie oft mit Sorge an ihr Älterwerden denken, an ihr eigenes Verfallsdatum, und dass sie über dieses Thema mit niemandem sprechen können, obwohl diese Frage doch zutiefst mit ihrer Persönlichkeit verbunden sei. Wer sein Ende nicht bedenkt, weiß nichts vom Geschenk, authentisch leben zu dürfen. Dieser Umstand aber ist die Ursache für mangelnde Tiefe von Erfahrungen, mangelndes Gespür für sich selbst und Ruhelosigkeit. Wir spüren etwas zutiefst Wesenhaftes in uns, das wir nicht kommunizieren können.

Wer sein Ende nicht bedenkt, weiß nichts vom Geschenk, leben zu dürfen.

Destruktion des Wollens

Man verwendet die ganze Energie darauf, das zu bekommen, was man haben will, aber die wenigsten nehmen sich die Zeit dafür, auch genügend lange nachzudenken, ob das, was sie haben wollen, wirklich das ist, wonach sie suchen und ob das ihrer Identität entspricht.

»Wenn ich diese Stelle kriege, wenn ich dieses Auto bekomme …«, so läuft man ständig Zielen nach, die einen angeblich glücklich machen sollen und deren Befriedigung wieder aus den Händen gleitet, wenn man sie erreicht hat. So leben wir nur in der Illusion, wir wüssten, was wir wollen.

Wir müssen uns darüber klar werden, dass es nicht, wie die meisten meinen, relativ einfach ist zu wissen, was man wirklich will, sondern dass es sich dabei um eine schwierige Aufgabe handelt, die wir zu lösen haben. Wir nehmen uns nicht mehr genügend Zeit, gründlich darüber nachzudenken, was wir wollen, was zu uns wirklich passt. Nur wer weiß, was er will und welcher Wunsch hinter flackernden Einzelbegierden wirklich steht, befindet sich auf dem Weg zu seiner Authentizität.

4. Aufbruch

Aufbruch zur Authentizität

Aufbruch zur Authentizität ist nach Kurt Singer ein Sich-auf-den-Weg-Begeben, weg von der gesellschaftlich verordneten Apathie zur Sympathie.

Wenn Sie Menschen fragen, welche Wesenszüge sie an andern am meisten stören, antworten die meisten: Unaufrichtigkeit oder mangelnde Übereinstimmung zwischen Worten und Leben. »Ich kann nicht ausstehen, wenn jemand anders handelt, als er redet«, heißt es dann meistens, »wenn er eine Fassade vor anderen aufbaut und ich genau weiß, wie es dahinter aussieht.« Oder: »Ich finde es gut, wenn jemand seine eigenen Fehler zugeben kann.«

Wir müssen den Mut haben, der Mensch zu sein, der wir sind, und wir dürfen nicht den Mut verlieren, weil wir der Mensch sind, der wir sind.

Menschen fühlen sich zur Aufrichtigkeit hingezogen, auch wenn diese nicht nur die schönen Seiten sichtbar macht. Daraus folgt: Einer der wichtigsten Wesenszüge, durch den Lebendigkeit entsteht, ist, echt zu sein.

Wollen Sie ein ansteckender Mensch werden? Dann hören Sie auf damit, Ihre Individualität zu verleugnen. Machen Sie Schluss damit, sich selbst in das von anderen aufgestellte Schema zu zwängen.

Vielleicht sind Sie ein Mensch mit viel Mitgefühl oder haben eine Menge Geduld oder die Fähigkeit, abenteuerbewusst zu leben oder in der Abgeschiedenheit und Stille aufzublühen. Und irgendwo in Ihrer Umgebung ist ein Mensch, der den Kontakt zu jemandem wie Ihnen braucht: jemandem mit Ihrer Persönlichkeit, Ihrem Temperament, Ihrer Passion und Ihren Interessen. Indem Sie Ihre Einzigartigkeit nicht verdrängen, sondern leben, werden Sie zu einem überzeugenden Vorbild, das anderen Mut macht, ihre eigene Persönlichkeit zu leben.

Ich habe in den Jahren meiner Berufspraxis gelernt, dass authentische Chefs – solche, die noch Ecken und Kanten haben – ein viel längeres »Haltbarkeitsdatum« nachweisen als die, die durch die Chemotherapie vieler »Management by«-Seminare so lange abgeschliffenen wurden und deren Knochen jeglicher persönlich geprägter Spontaneität durch Anpassungsprozesse so lange gebrochen wurden, bis sie in den Sarg der seelenlosen unternehmerischen Prozesse passten. Sie machten alles richtig und bewirkten kein Leben, sie richteten keinen Schaden an und bewirkten keine Nachhaltigkeit. Sie hinterlassen bei ihrem Abschied keine Erinnerungsmarken. Eine Managerin sagte mir stolz, sie hätte in ihrem Team erfolgreich den Begriff »digitale Führungskraft« eingeführt, damit die Mitarbeiter begreifen, es geht ums fehlerfreie Funktionieren und um nichts anderes.

»Weißt du, als ich dich kennenlernte, da hatte ich das Gefühl, zu dir kommen zu können, ich spürte eine Wärme und in allem eine große Echtheit. Das imponierte mir. Ich sah Lebendigkeit in dir – keinerlei Anzeichen für inneren Stillstand. Ich konnte dir anmerken, dass du ein im Wachstum begriffener Mensch bist, und das gefiel mir. Ich sah, dass du ein gesundes Selbstwertgefühl besitzt, das nicht auf dem künstlichen Fundament von Selbsthilfebüchern aufgebaut war, sondern auf etwas viel, viel Tieferem. Ich sah, dass du dich von Überzeugungen und Prioritäten leiten ließest, nicht von Bequemlichkeit, Eigensucht und Gewinnstreben. Und so jemanden hatte ich noch nie kennengelernt.

Ich spürte Anteilnahme deinerseits, als du mir zuhörtest, ohne mich zu verurteilen. Du versuchtest, mich zu verstehen, du littest mit mir und feiertest mit mir, du begegnetest mir mit Freundlichkeit und Großzügigkeit – und nicht nur mir, sondern auch anderen Menschen.

Und du vertratest etwas. Du warst dazu bereit, gegen den Strom unserer Gesellschaft zu schwimmen und dem zu folgen, was du für richtig erkannt hattest, egal, was andere darüber sagten, und egal, wie hoch der Preis war. Und aus diesem und auch anderen Gründen wollte ich das, was du für dich hattest, auch für mich selbst. Jetzt will ich dir sagen, dass ich dir sehr dankbar bin, wie du vor meinen Augen gelebt hast.«

Authentische Leute haben, vergleichbar einem Reh, einen ausgesprochenen Instinkt für »echt« oder »Fassade« aus meilenweiter Entfernung. Und was sie wittern, entscheidet darüber, ob sie sich angezogen oder abgestoßen fühlen.

Authentische Leute haben, vergleichbar einem Reh, einen ausgesprochenen Instinkt für »echt« oder »Fassade« aus meilenweiter Entfernung.

Authentische Menschen versuchen in jeder Kommunikation und Führung ihre Selbstachtung zu realisieren. Sie lernen, ihren persönlichen Narzissmus zwischen Macht, Anerkennung und Selbstverwirklichung abzulegen, gar ganz zu verhindern. Sie reden selbstkritisch in ihr Leben hinein. Sie tun etwas, um ihre Autorität nicht mit den ihnen zur Verfügung stehenden Machtmitteln oder Kumpelhaftigkeiten, sondern über ihr Ansehen einzusetzen.

Authentisches Leben lässt sich *wieder*erlernen. Vorher muss man sich jedoch, wie wir es gerade getan haben, die Ursachen für fehlende Authentizität vor Augen geführt haben. Vor uns liegt ein Weg der kleinen Schritte, ein Prozess, der sich auf unsere ursprünglichen Kräfte zurückbesinnt und dann sehr wach die zerbrochenen Scherben der vernachlässigten Authentizität wieder einsammelt.

Bestandsaufnahme

Am Anfang steht eine schonungslose Bestandsaufnahme. Für diese müssen wir uns konkret persönliche Zeiten reservieren, um uns in Ruhe Klarheit zu verschaffen, wer oder was oder welche Gefühle unsere Handlungen bestimmen, welche dabei diejenigen sind, die wir selbst wollen, und von welchen wir andererseits fremdbestimmt werden.

Sich selbst wertschätzen

Selbstwertgefühl ist eine wichtige Voraussetzung für Authentizität. Es ist wichtig, sich selbst als wertvoll anzuerkennen, und zwar unabhängig von Leistungskraft, momentaner Nützlichkeit, dem akademischen Grad, dem Gesundheitszustand, dem Aussehen oder unserem Marktwert, den ein Lohnausweis beglaubigt.

Bei den meisten Menschen in unserer westlichen Welt hängt ihre Identität von ihrer Leistung und ihrem Erfolg ab und damit auch von ihrer Arbeit, weil sie ja das Mittel zum Erfolg ist. Von klein auf werden wir gelobt und belohnt, wenn wir etwas geleistet haben. Viele wollen sich nun ein Leben lang durch Leistung Liebe und Zuneigung verdienen. Menschen mit eigenem Selbstwertgefühl sind unabhängig von dem, was andere über sie denken. Ihr Selbstwert hängt nicht davon ab, wie sehr andere sie toll finden, nicht einmal davon, wie andere sie behandeln.

Unsere Identität darf nicht nur das Resultat unserer Leistung sein, sondern umgekehrt sollte unsere Leistung Ausdruck unserer persönlichen Identität werden, wobei dies in der Realität natürlich ein dialektischer Prozess ist. Der Weg dahin beginnt auch mit der Erkenntnis der eigenen Fehlbarkeit und der persönlichen Akzeptanz der eigenen Unvollkommenheit.

Der erste Schritt zu einem authentischen Leben als Voraussetzung zu einem mutigen Leben ist, zu sich selbst ja zu sagen. Sich selbst anzuerkennen und aufzuhören, sich selbst nur eine authentische »Rolle« überzuziehen. Das erfrischende Merkmal eines Kindes ist dessen faszinierende Authentizität. Weil es echt ist, kann sich das kleine Wesen in erstaunlicher Weise behaupten und durchsetzen. In Rhetorik-Seminaren verabschieden wir uns regelmäßig von der Leblosigkeit der in der Schule erlernten Referatsperfektion und üben die freie Rede unserer Kindheit wieder ein. Viele erleben es als große Befreiung, aus dem Rollstuhl von vorformulierten Manuskripten und Powerpoint-Folien auszusteigen und wieder selbst zu laufen. Dieser Schritt erfordert den Mut, der eigenen spontanen Identität zu vertrauen, statt sich hinter vorgekauten Formulierungen zu verstecken. Dahinter steht immer die Angst vor Blamage. Nur wenn menschliches Leben wieder eine durchgehende natürliche Lebendigkeit zeigt, kann man von authentischem Leben sprechen. Für eine Veränderung hilft »Realismus« allein nicht weiter. Realisten können immer nur denken, was war und was machbar ist. Sie kommen nicht über ihren Erfahrungshorizont hinaus. Sie rechnen nur mit dem, was bekannt und berechenbar ist. Realistisch sind Angst, Wut, Ohnmacht, Neid und verletzte Gefühle.

Wenn wir langfristig Zivilcourage leisten wollen, brauchen wir ein hohes Selbstwertgefühl.

Als eigenständige Wesen müssen wir lernen, als »Ich« zu fühlen. Das »Selbstwertgefühl« ist viel mehr, als das Spiegelbild der gesellschaftlichen Rolle oder die Reaktion auf Erwartungen, die andere von einem erhoffen.

Im Selbstwertgefühl erlebe ich mich selbst schöpferisch, als Urheber meiner Worte und Taten.[70]

Wenn wir langfristig Zivilcourage leisten wollen, brauchen wir ein hohes Selbstwertgefühl. Menschen mit einem hohen Selbstwertgefühl sind prädestiniert für mutige und langfristige Entscheidungen. Wenn ich mein Selbst nicht wertschätze, werde ich es auch nie verteidigen können.

Der Theologe Dietrich Bonhoeffer sagte treffend: »Nicht das Beliebige, sondern das Rechte tun und wagen, nicht im Möglichen schweben, das Wirkliche tapfer ergreifen, nicht in der Flucht der Gedanken, allein in der Tat ist die Freiheit. Tritt aus ängstlichem Zögern heraus in den Sturm des Geschehens [...] und die Freiheit wird deinen Geist jauchzend empfangen.«[71]

Ein starkes Bewusstsein meiner Authentizität kann nicht nur im Vergleich mit anderen gewonnen werden. Ich bin nicht gut, weil ich besser bin als andere, und ich bin nicht darum wertvoll und wichtig, weil ich mehr leiste als andere. Ich werde nicht geliebt, weil andere mich brauchen, weil ich mir nichts zuschulden kommen lasse. Ich werde nicht geliebt, weil ich für einen Menschen ein und alles bin, sondern ich bin liebenswert, weil ich bin, unabhängig vom Vergleich mit meiner Umwelt. Mein Selbstwertgefühl gründet auf dem Wissen um meine Einmaligkeit und Einzigartigkeit. Unsere Zeit hat Bewertungsmuster, die sich an den Kategorien von Haben, Leistung und Nützlichkeit orientieren. Der neue Beginn liegt nicht in dem, was ich habe, sondern in dem, was ich bin.

Beginnen wir, uns bewusst selbst anzunehmen und selbst zu achten. Wenn wir uns unserer eigenen persönlichen Würde bewusst sind, können wir auch Menschen werden, die Würde stiften.

Gefühle bejahen

Ein authentisches Gefühlsleben ist ein starker Magnet. Tragischerweise haben es viele verlernt, ihre Gefühle zum Ausdruck zu bringen. Einige sind der Ansicht, ein abgeklärter Mensch dürfe niemals zornig werden, und das Zeigen von Traurigkeit, Verletztsein oder Kummer sei ein Zeichen von mangelnder Persönlichkeit oder Charakterschwäche.

So unterdrückt man bestimmte Empfindungen so lange, bis man emotional vollkommen die Orientierung verliert. Letztendlich verliert man sogar die Fähigkeit, überhaupt Gefühle zu empfinden. Man erkennt sie nicht, wenn sie an die Oberfläche dringen wollen, oder man weiß nicht, wie man sie jemand anders gegenüber zum Ausdruck bringen soll.

Eine Menge Arbeit ist erforderlich, um aus diesem Zustand wieder herauszufinden. Verstecken Sie also nicht den inneren Kampf. Versuchen Sie nicht, ihn zu übertünchen, denn Ihre Gefühle sind wichtig.

Erwachsen werden

Erwachsen werden, das heißt zunächst, sich ablösen von der Elternautorität.

Autoritätsangst ist an ihrer Quelle zu bearbeiten. Meistens liegt die Quelle eines ungesunden Autoritätsverständnisses oder -gefühls im Verhältnis zu den eigenen Eltern. Die Einmischung der Eltern ist oft lebenslänglich. Was früher die Eltern verboten haben, verbietet jetzt die innere Stimme. Ihre Bewertungen von Dingen bewertet jetzt ebenfalls die innere Stimme. Man ordnet sich dieser unbewussten Autorität oft mehr unter, als man es selbst wahrhaben möchte.

Der Prozess der Reife besteht in der Einsicht, dass die Eltern sowohl schwach als auch stark, sowohl gut als auch böse waren. Viele Menschen bleiben irgendwie in einer merkwürdigen Abhängigkeit. Dabei ist es egal, ob ich die Eltern idealisiere oder sie emotional ablehne. Auch durch einen starken Protest gegen sie binde ich mich an sie, komme nicht zu einer Ablösung, auf der dann eine neue Wertschätzung aufgebaut werden könnte.

Sich von den Eltern abzulösen bedeutet nicht, sich von ihnen zu trennen. Es bedeutet nur, dass ich nun für das eigene Leben allein verantwortlich bin. Die Beziehung zu den Eltern hat eine neue Basis. Der Kreislauf von Angriff und Verteidigung, Schuldzuweisung und Schuldabwehr kann durchbrochen werden. Ich versuche nicht mehr, die Meinung der Eltern ohnmächtig zu ändern, sondern übernehme für mein Denken und Handeln selbst die volle Verantwortung. Selbst und bewusst entscheide ich auch, welches Weltbild, welche Ethik, welche Prioritäten der Eltern und anderer Autoritätspersonen ich übernehme und welche nicht. Dadurch erreiche ich eine neue Dimension von Unabhängigkeit gegenüber den Eltern, aus der heraus ich sie wiederum in ihrer Art samt ihren Fehlern lieben und wertschätzen kann.

Voraussetzung für Mut ist Authentizität, ist das Gefühl für eine Ich-Identität. Denn wenn ich authentisch bin, verarbeite ich Erfahrungen so, dass es für mich stimmt. Mein Echtsein wird auch für andere Menschen wohltuend wahrnehmbar. Mündigkeit werde ich erleben, wenn ich weiß: »Ich bin ich, ich nehme meine Gefühle wahr, ich denke selbst und ich handle im Einklang mit meinem Gewissen.«

Authentischer Gehorsam und authentischer Ungehorsam

Authentischer Gehorsam ist Gehorsam seiner eigenen Würde gegenüber.

Gehorsam in Würde muss innerlich, bis ins Gewissen und die Gefühle hinein, den Gehorsam nachvollziehen können. Positiver Gehorsam ist lebendiger Gehorsam, ist aufmerksamer Gehorsam. Er orientiert sich an Wertvorstellungen. Während dieses Prozesses ist die Person immer mit dabei, sie ist sich bewusst, dass sie sich zum Gehorsam entscheidet und dass sie sich auch jederzeit dagegen entscheiden kann. Nur in dieser Haltung ist Gehorsam (Loyalität) sinnvoll. Gehorsam kann nur verstanden werden im Zusammenhang mit Freiheit. Nur diese Haltung verhindert den Widerspruch zwischen Gehorsam und Freiheit. Wir müssen also »klarstellen«, dass zu uns einerseits natürlich der Wert des Gehorsams und der Zustimmung gehören darf, andererseits die Freiheit zum Widerspruch und zum Ungehorsam einen genauso großen Stellenwert (Tugend) darstellt.

Beides Verhalten benötigt zuerst innere Freiheit, also Selbstverantwortung den eigenen Werten gegenüber.

Aus Ängsten vor elterlicher Ablehnung, aus dem Wunsch, ihr Wohlwollen zu sichern, aus Anpassung durch Schuldgefühle, aus Widerständen durch Verletzungen entstehen diese unreflektierten, innerlich unfreien Gefühle, Einstellungen und Verhaltensweisen gegenüber Autoritäten. Wir müssen dieses innerliche Script erkennen. Dann können wir es bearbeiten.

Ein tragfähiges Selbstwertgefühl ist unabhängig von Leistung

Das Selbstwertgefühl entstammt der Erfahrung von mir selbst, als dem Urheber und Subjekt meiner Erfahrungen, meiner Gedanken, meiner Gefühle, meiner Entscheidungen, meines Urteilens, meines Handelns. Es ist Voraussetzung, dass meine Erfahrung wirklich meine eigene ist. Die Dinge besitzen kein Selbst. Menschen, die zu Dingen geworden sind, können kein Selbst besitzen.

Die Identität, die wir im Innersten suchen und die wir zutiefst brauchen, um langfristig in dieser Leistungsgesellschaft als integre Persönlichkeit zu bestehen, ist eine geschenkte Identität.

Unsere Identität in der Leistungsgesellschaft ist immer eine erworbene Identität. Die Identität aber, die wir im Innersten suchen und die wir zutiefst brauchen, um langfristig in dieser Leistungsgesellschaft als integre Persönlichkeit zu bestehen, ist eine geschenkte Identität. Eine Identität, die nicht wegen unseres Tuns da ist, sondern wegen unseres Seins.

Nur, wer sich selbst als wertvoll ansieht, ist authentisch und verfügt über die Voraussetzung, Zivilcourage zu leben. Arbeite ich, damit ich wertvoll bin oder weil ich wertvoll bin? Wer hier nicht klar seine Identität unabhängig von Leistung definiert, ist manipulierbar, abhängig, kontrollierbar durch Ängste, Schuldgefühle, erbrachte oder unterlassene Streicheleinheiten, Bewunderung oder Belohnung.

Wenn wir lernen wollen, uns unabhängig von unserer Leistungskraft, unserer momentanen Nützlichkeit, unserem akademischen Grad, unserem Gesundheitszustand, unserem momentanen Aussehen oder unserem Marktwert als wertvoll anzuerkennen, dann führt der Weg in unsere frühe Kindheit zurück. Denn dort konnten wir uns noch nicht über die Leistung definieren. Liegt hierin auch der Grund, warum viele mit einer Art Wehmut an die Kindheit zurückdenken? Am Anfang des Lebens stand eine prägende Erfahrung für den Grundstein unserer Authentizität, die ganz und gar nicht von Leistung und Inszenierung her definiert wurde. Unser Leben begann an einem geschützten und vertrauten Ort: an der Brust der Mutter, in den Armen der Eltern, in der Wiege zu Hause. Die Zuwendung der Eltern war die erste und größte Erfahrung für das Wahrnehmen unseres Selbstwertes, die wir je erlebten. Ihre Fürsorge signalisierte, dass wir wichtig und wertvoll für sie sind, ohne dafür etwas getan oder geleistet zu haben. Die Zuneigung unserer Eltern stellte nicht das Ergebnis unserer Anstrengungen dar, sondern unser Lebensmut entwickelte sich als Folge ihrer Zuneigung. Wir waren wichtig – einfach durch unser Dasein.

Unsere Erfahrung der Elternliebe erwies sich für uns als das grundlegende Erlebnis zum Aufbau unseres Selbstwertgefühls und somit einer gesunden Authentizität. Weil sie uns anlächelten, lernten wir zurückzulächeln. Die ersten sinnerfüllten Erfahrungen hatten mit uns allein und nicht mit einer von uns erbrachten Leistung zu tun. Wir hätten uns damals unsere Persönlichkeit nicht selbst geben können. Wie wichtig und willkommen wir waren, konnten wir uns nicht selbst sagen.

Wir verdanken unsere ersten Erfahrungen und damit die Grundlagen für unser späteres Suchen nach Authentizität nicht einer Leistung, sondern einer Beziehung. Unsere ersten Schritte zu unserer unverwechselbaren Persönlichkeit mussten wir nicht selbst erwerben, sondern wir bekamen sie geschenkt! Mut und Wohlbefinden lernten wir aus dem Angenommensein einer Beziehung kennen, die nicht vom Leistungsprinzip her bestimmt war.

Aus dem Vertrauten und der Geborgenheit heraus wuchsen wir allmählich ins Fremde hinein. Das begann mit dem Kindergarten und der Schule. Und ganz anders als in unserer frühesten Kindheit wurden wir nun in der Gesellschaft streng nach unseren Fähigkeiten und Leistungen beurteilt. Die Wertschätzung, die wir jetzt erhielten, hing nun von unserem Aussehen und unserer Leistungskraft, von unseren Qualifikationen und unserem Potenzial ab. Wir fanden nicht mehr einfach Anerkennung, weil wir da waren. Wir mussten und müssen heute noch uns diese Anerkennung erst erwerben. Aber auch die höchste Anerkennung, die wir jetzt erwerben können, wird niemals auch nur andeutungsweise so tief reichen wie die Anerkennung und das Urvertrauen, die wir in unserer frühesten Kindheit geschenkt bekamen, ohne etwas dafür geleistet haben zu müssen.

Wie groß das Maß an Zuwendung ist, das wir als Menschen von klein auf brauchen, zeigen umgekehrt leider die seelischen Schäden bei Kindern, denen kaum oder nur wenig bedingungslose Zuwendung geschenkt wurde.

Prüfen Sie sich selbst: Wie viel geschenkte und wie viel von Ihrem Verhalten abhängige Zuwendung erhielten Sie? Wie stark haben Sie Ihre Identität in der Folge von Ihrer Leistung, von Lob und Tadel, von Bestätigung und Ablehnung, von Verlockung und Drohung abhängig gemacht? Wie unabhängig und authentisch sind Sie heute?

Perfektionismus misstrauen

Als Folge dieser von Leistung und Erfolg bedingten Identität glauben die meisten von uns irrtümlicherweise, ihr Versagen um jeden Preis verstecken zu müssen. Uns wurde gesagt, dass unsere (moralischen) Fehltritte, von wem und wie diese auch immer definiert wurden, uns zu Außenseitern machen, und deshalb sollten wir tunlichst dafür sorgen, dass niemand davon erfährt.

Welche Menschen sind für Sie ansteckend? Die Fehlerlosen, Perfekten, Schnörkellosen, mit professionell durchgestyltem persönlichen Marketing? Oder sind es nicht unter anderem diejenigen, die schlicht und einfach dazu stehen, wie sie sind, auch mit ihrem Versagen? Sie bilden einen scharfen Kontrast zu unserer Kultur, wo niemand bereit ist zuzugeben, unperfekt zu sein. Überall gibt es nur Unschuldige! Wir leben in einer Zeit, wo wir unsere Fehler rechtfertigen, unsere Spuren verwischen und erfolgreiche Anwälte bemühen, um den Konsequenzen zu entgehen.

Mutige machen Fehler und stehen dazu, ohne ihren Selbstwert in Frage zu stellen.

Werte verinnerlichen

Wer sich selbst als wertvoll sieht, wird authentisch Werte leben und diese durch seine Persönlichkeit sichtbar machen.

Der authentische Mensch hat Werte wie Nächstenliebe, Ehrlichkeit und Glaubwürdigkeit etc. für sich definiert und verinnerlicht. Diese Echtheiten wirken wie ein inneres Ordnungsprinzip und lenken das eigene Handeln und Verhalten. Sie sind eine Art Schwerkraft, die Authentizität zu bewahren und sie für andere positiv sichtbar zu machen. Ethische Werte sind wichtig, um auch unter Druck Authentizität bewahren zu können. Authentische Menschen sind aus ihren ethischen Überzeugungen heraus und für diese Überzeugungen bereit, Risiken auf sich zu nehmen.

In unserer Beratungspraxis begegnen wir vielen Führungskräften, die bei ihrer Positionsbestimmung feststellen, dass sie bei genauerem Hinsehen genau das suchen, aber gleichzeitig genau das verloren haben. Die Arbeit an ihrer Identität gibt ihnen eine Kraft und Freiheit für ihre privaten und beruflichen Herausforderungen.

Werte werden zur Wirklichkeit durch Menschen, die authentisch und mutig sind, und durch gar nichts anderes!

Wie können Werte Wirklichkeit werden? Wie entsteht diese oft zitierte und allzu oft vermisste Einheit des Denkens und Handelns? Nur durch Menschen, die authentisch und mutig sind, und durch gar nichts anderes! Wann immer wir von wichtigen positiven weltgeschichtlichen Ereignissen lesen, dann stehen dahinter einzelne mutige und authentische Menschen!

Sie sind vergleichbar mit der »Enter«-Taste beim e-banking. Wenn man alles richtig ausgefüllt hat, aber diese Taste nicht drückt, bleibt alles beim Alten. Diese Menschen setzen lebendige Werte, die nachhaltige Veränderungen bewirken, durch ihre Persönlichkeit frei.

Veränderungen geschehen von innen nach außen

Veränderungen passieren von innen nach außen, von unten nach oben, vom Kleinen zum Großen.

Die meisten wichtigen Dinge sind nicht durch die Mächtigen verändert worden, also nicht von oben nach unten, sondern trotz der Macht der Politik von unten nach oben. Nicht durch Veränderung der äußeren Umstände hat sich die Motivation der Menschen verbessert, sondern durch Veränderung der Motivation haben sich die äußeren Umstände verändert.

Die Arbeit am eigenen Charakter entdecken

Charakter

Im Duden heißt es zum Begriff »Charakter«: »kennzeichnendes Merkmal« oder »dem Menschen eingeprägte, innere Form«. Wörtlich aus dem Griechischen: »Das Eingeritzte«. Seit dem 17. Jahrhundert wird dieses Merkmal auf das sittliche Verhalten des Menschen übertragen. Der Schweizer Unternehmensberater und Psychotherapeut Philipp Johner sagt: »Charakter ist das, was wir tun, wenn es niemand sieht.«[72]

»Das Eingeritzte« klingt wie unveränderbar. Man sagt, dass der Mensch durch seine Erbanlage und durch das Umfeld bestimmt wird. Man sagt auch, dass der Charakter eben die Mischung aus beidem sei. Wir müssen uns gegen diese Definition wehren, denn sie vermittelt uns den Eindruck, als sei der Charakter etwas Unveränderbares, Fremdbestimmtes. Wir wären ihm ausgeliefert und könnten uns gewissermaßen entschuldigen: »Das ist nun mal mein Charakter.« Dann kann aber auch von anderen mein Charakter wie eine unheilbare Krankheit beurteilt werden, die mich zum Outsider stempelt: »Er hat eben einen schlechten Charakter.«

Die Substanz des Charakters ist nicht so hart, dass man ihn ein Leben lang nicht mehr verändern könnte. Und doch kann die Arbeit an diesem Material sehr schwer sein, besonders wenn man älter wird. Deshalb ist die Charakterbildung gerade in jungen Jahren sehr wichtig. In der bayerischen Verfassung steht geschrieben: »Kinder sind das köstlichste Gut des Volkes. Die Schulen sollen nicht nur Wissen und Können vermitteln, sondern auch Herz und Charakter bilden.«

Charakter ist eine veränderbare Größe und nicht einfach unser Schicksal, dem wir passiv ausgesetzt sind. Neben Erbgut, Erziehung (Kindheitserfahrungen) und Umwelt (die ökonomische und ökologische Situation) ist er am meisten geprägt durch unsere Gewohnheiten, und die kann man, wenn es auch zweifellos bisweilen sehr schwer ist, ändern. Wenn Sie sich an das Thema Mut und Authentizität heranwagen wollen, müssen Sie für sich definieren: Ich übernehme die persönliche Verantwortung für meinen Charakter, deshalb beginne ich jetzt, daran zu arbeiten.

Ein herausragender, prägender Charakter ist das Resultat eines Weges, einer Entwicklung, eines dynamischen Prozesses. Charakter ist das, was ein Mensch langfristig ausstrahlt, nicht das, was er bisweilen vorgibt zu sein. Gewohnheiten sind die Fenster unseres Charakters. Es genügt also nicht, Gewohnheiten einfach durch andere Gewohnheiten zu ersetzen, wenn nicht zuvor die Ziele, die Vision, die Werte überprüft werden. Schlechte Gewohnheiten sind oft Ausdruck von Resignation. Man muss die Bereitschaft haben, das, was man jetzt zu wollen glaubt, dem unterzuordnen, was man später genießen will. Bei der Arbeit mit Führungskräften, die mutig und authentisch leben wollen, die für ihre Abteilungen und Unternehmen Marksteine setzen wollen, geht es darum, diese Freiräume zu lokalisieren und, wenn sie auch noch so klein sind, durch Coaching systematisch zu vergrößern.

Die Arbeit an mir selbst entdecke ich als die wichtigste Art der Einflussnahme überhaupt.

Charakterveränderungen geschehen durch Entscheidungen, welche wie bei unternehmerischen Handlungen definiert, zielbewusst angegangen und hartnäckig verfolgt werden:

Ich werde anders sein, wahrhaftiger, freundlicher, sorgfältiger, kooperativer und interessierter.
Ich beginne, Versprechen zu halten.
Ich arbeite an meinem Einflussbereich.
Ich entscheide mich, auf Rechtfertigungen zu verzichten.

Ich entscheide mich, zu verstehen statt zu richten.
Ich höre auf, destruktive Dinge zu sagen.
Ich löse mich von der Einstellung, dass es sowieso keinen Wert hat.

Die Arbeit an mir selbst entdecke ich als die wichtigste Art der Einflussnahme. Die Voraussetzung für eine positive Veränderung des Charakters ist die Bereitschaft zur Selbsterkenntnis. Das wiederum hat etwas mit innerer Arbeit zu tun, die anstrengend und durchaus schmerzhaft sein kann, und es gehört Mut dazu! Manchmal kann eine Liste helfen, auf der wir all die Punkte aufschreiben, die wir ändern, erneuern oder festigen möchten. Oft hilft ein Leitbild, vom dem aus konkrete Maßnahmen abgeleitet werden.

Leider ist es so, dass die Arbeit meistens in der Jugend aufhört und auch kaum je bewusst und selbstbestimmt stattgefunden hat. Die Menschen werden nach ihren Resultaten beurteilt und abgeurteilt, statt dass sie zeitlebens echte Möglichkeiten zur Weiterentwicklung, Wiedergutmachung oder Rehabilitation, zum Verändern der Verhaltensweisen oder zu einem Neubeginn erhalten. Wer seine Entwicklung in die Hand nimmt, muss sich dieser Fremdbestimmung entziehen.

Charakter ist der ethische Wert, den wir unseren Entscheidungen und unseren Beziehungen zu anderen zumessen. Charakter konzentriert sich auch auf den langfristigen Aspekt unserer emotionalen Situation. Charakter hat etwas mit Treue und gegenseitigen Verpflichtungen, mit der Verfolgung langfristiger Ziele zu tun. Die Arbeit am Charakter ist die Basis für eine gelebte Zivilcourage.

ÜBUNG 1

(Vorschläge für Fragen zu einer regelmäßigen Bestandsaufnahme in größeren Abständen)

Ziele

- Welches sind meine Nah- und Fernziele im beruflichen und persönlichen Bereich?
- Welches sind meine Bilder und Vorbilder?

Führung

- Wie führe ich meine direkten Mitarbeiter?
- Warum führe ich sie so und nicht anders?
- Erfülle ich selbst jene Anforderungen, die ich von ihnen fordere?
- Ist das (schlechte) Arbeitsklima die Ursache oder die Folge meines Führungsverhaltens?
- Erkenne ich den Balken im eigenen Auge oder nur die Splitter in den Augen der anderen?
- Wie würde ich reagieren, wenn ich einen Vorgesetzten hätte, wie ich selbst einer bin?
- Wie viel bedeutet mir mein persönlicher Einfluss?
- Wie gestaltet sich mein persönlicher Umgang mit Vorgesetzten?
- Kann ich Menschen unabhängig von ihrer Situation schätzen?

Gewissen

- Welche Rolle spielt mein Gewissen in meinem Alltag?
- In welchen Bereichen bin ich abgestumpft und habe früher sensibler empfunden?
- Wie ist meine Sprache? (Wie ein Mensch spricht, so ist er.)

- Kann ich für die Wahrheit und für das Recht eines anderen eintreten, wenn ich keinen persönlichen Vorteil daraus ziehe?
- Prostituiere ich mich? Das heißt: Tue ich Dinge, die ich eigentlich gar nicht tun will, für Leute, die ich eigentlich gar nicht mag?

Geld

- Wie denke ich über Geld?
- Ist Reichtum für mich das wichtigste Ziel meines beruflichen Strebens oder Geld eine Notwendigkeit zum Leben?
- Welche Bedeutung haben materielle und monetäre Werte in meiner eigenen Werterangordnung?
- Wie viel an innerer Freiheit, an zwischenmenschlichen Beziehungen und an gutem Gewissen bin ich bereit zu opfern, um mehr Geld zu verdienen?
- Welchen Umgang pflege ich mit fremdem Vermögen?

Persönliche Niederlagen

Bin ich vorbereitet:

- einen Erfolg hinzunehmen, ohne überheblich zu werden?
- einen Misserfolg zu erleben, ohne mich entmutigen zu lassen?
- eine Kritik zu ertragen, ohne beleidigt zu sein?
- ungerechtfertigte Verleumdung auf mich zu nehmen und richtig darauf zu reagieren?
- eine Wahrheit anzuerkennen, auch wenn sie meinem »System« widerspricht?
- den Verlust meines Besitzes hinzunehmen, ohne zu klagen?

- den Verlust meiner Arbeit zu erleben, ohne damit meinen Lebenssinn einzubüßen?
- den Verlust meiner Gesundheit durchzustehen, ohne die Geduld zu verlieren?
- den Verlust meiner nächsten Angehörigen zu ertragen, ohne zu verzweifeln?
- Schmerzen zu erdulden?
- Einsamkeit zu gestalten?

Die letzte Frage

- Bin ich vorbereitet zu sterben?
- Was würde ich tun, wenn ich nur noch einen Monat zu leben hätte?
- Was ist meine Lebensaufgabe, habe ich sie erkannt, lebe ich danach?
- Was habe ich Bleibendes geschaffen?
- Kann ich die Frage nach dem Sinn meines Lebens und Leidens beantworten?

ÜBUNG 2

(Vorschläge für Fragen zu einer regelmäßigen Bestandsaufnahme in kürzeren Abständen)

Zeit und Freizeit

- Habe ich meine Zeit sinnvoll ausgefüllt?
- Habe ich fruchtlos über die Vergangenheit gegrübelt (hätte ich doch …, wäre ich doch …)?
- Habe ich etwas gelesen, was mich selbst fördert?
- Habe ich mich mit einem Wert beschäftigt? (Mit welchem?)
- Habe ich für einen anderen Zeit gehabt?

Beziehungen zu anderen Menschen

- Erkennen andere meine Werte?
- Habe ich zugehört, was ein anderer zu mir sagte?
- Habe ich sein Vertrauen geweckt? Bewahrt? Gerechtfertigt?
- Habe ich eine Hoffnung oder Freude ausgelöst?
- Haben meine Kinder durch mich Freude erfahren?
- Habe ich ein Kind betrübt? Beschimpft? Zu sehr verwöhnt?
- Habe ich mich von Affekten überrennen lassen?
- Bin ich gelassen, ruhig und freundlich geblieben?
- Habe ich mich dankbar erwiesen?
- Habe ich andere oder mich selbst geärgert?
- Habe ich gestritten?
- Habe ich die Unwahrheit gesagt?
- Habe ich übertrieben?
- Habe ich aus Bequemlichkeit oder Feigheit geschwiegen?
- Habe ich jemandem Vorwürfe gemacht?
- Habe ich lieblos getadelt?
- Habe ich hinter dem Rücken geredet?
- Habe ich integriert?
- Habe ich zu wenig Rücksicht genommen?
- Habe ich zu viel Rücksicht genommen?
- Habe ich mich zu schnell von der Meinung anderer abhängig gemacht?
- War ich zu unentschlossen?
- War ich zu nachgiebig?
- Habe ich abgelehnt, statt richtigerweise ja zu sagen?
- Habe ich zugesagt, statt richtigerweise nein zu sagen?

Innere Unabhängigkeit pflegen

Nur der nicht vereinnahmte Mensch kann für andere zum Mehrwert werden.

Er macht sich von anderen nicht abhängig und ist nicht manipulierbar. Seine innere Unabhängigkeit wird sichtbar in seinem Mut zu Unbequemlichkeit, eigenständigem Urteilen und Handeln, in seiner Selbstmotivation, emotionalen Stabilität und Belastbarkeit. Loyalität oder Widerstand entsteht bei ihm aus einer unabhängigen und gesunden Auseinandersetzung mit den eigenen Werten.

Er zeichnet sich dadurch aus, dass er seine Arbeits- und Lebenszufriedenheit nicht in erster Linie aus Anerkennung durch andere, aus Statussymbolen und materiellen Anreizen speist.

Er braucht sich nicht laufend vor sich selbst und anderen zu beweisen und kann Kritik annehmen, ohne sofort zurückzuschlagen.

Er ist nicht getrieben von Angst um seine Existenz. Wir können beobachten, dass viele couragierte Personen nicht handeln, um sozusagen gut zu sein und den moralischen Zustand der Welt zu verbessern, sondern sie verteidigen ihre Authentizität gegenüber ihren in Eigenverantwortung gesetzten Werten, die sie als hohes Gut betrachten.

Es handelt sich oft um Personen, die ein intaktes, inneres Leben und Gleichgewicht haben, das dann irgendwo mit Herrschenden in Widerspruch gerät. Personen, die sich aufgrund ihrer inneren Ausgeglichenheit und ihrer Wertebindung wie selbstverständlich beispielsweise dem Nationalsozialismus widersetzten. Es geht also oft mehr um die bewusste Beibehaltung der inneren Balance als um die Moral. Sie handeln demnach couragiert, weil sie ihre innere Balance als bedroht ansehen.

Jemand sagte einmal: »Meine Ohren sind so voll von dem, was du bist, dass ich nicht einmal hören kann, was du sagst.« Das, was wir sind, spricht mehr als das, was wir sprechen. Nicht authentische Menschen bereiten ihren Mitmenschen Unbehagen. Wenn Taten anders sind als Worte werden es die anderen mit der Zeit merken, und es werden keine Fundamente entstehen, auf denen Beständiges gebaut werden kann.

Die Möglichkeiten, tragende Beziehungen aufzubauen, liegen in uns selbst, in unserem Charakter. Glaubwürdigkeit sollte unser unverzichtbares Merkmal sein. »Wir müssen das, was wir denken, sagen. Wir müssen das, was wir sagen, tun. Wir müssen das, was wir tun, dann auch sein.«[73]

Nur die Werte verteidigen, die aus Ihrer inneren Überzeugung kommen

Nietzsches zentrale Erkenntnis liegt darin, dass erst durch die Überwindung eines von außen gesteuerten Moralismus der Einzelne frei wird und auch selbstverantwortlich handeln kann. Er sagt, dass Tugendkataloge die seelische Gesundheit oft verderben und Tugend und Moral Leitlinien des Konformismus und der Mittelmäßigkeit sein können, die den Menschen krank machen und ihn beherrschen wollen.[74]

Moral und Ethik müssen aus dem Einzelnen entspringen, sie sind ein Teil des Lebensinstinktes, und nur dann können sie sich auch kraftvoll und positiv entfalten.

Das Kontingent an Entscheidungsfreiheit besser ausschöpfen

Freiheit ist die Fähigkeit, zwischen zwei oder mehreren Möglichkeiten frei wählen zu können, bzw. die Fähigkeit, sich von irrationalen Leidenschaften befreien zu können. Freiheit muss immer im Kampf gegen die Hindernisse und Bedingungen, denen der Mensch ständig ausgesetzt ist, gewonnen werden.

Frei sein heißt die Freiheit erobern. Freiheit ist die Fähigkeit, die Freiheit zu vergrößern, und ist immer eine Herausforderung. Freiheit ist das, was der Mensch trotz seiner durch Endlichkeit bedingten Schranken zu sein vermag[75].

Das Geheimnis der Freiheit ist der Mut.

Perikles

»Das Geheimnis der Freiheit ist der Mut«, sagte schon Perikles.

Freiheit ist proaktives Handeln und Denken der gesamten Persönlichkeit. Nur wer mehr handeln kann, als sich bloß verhalten zu müssen, ist frei gegenüber anderen. Nur wer in dieser Weise frei handelt, ist und kann sich selbst auch in größerer Eindeutigkeit erleben und selbst beschreiben. Negative Freiheit[76], die sich definiert als »Freiheit von etwas« anstatt als »Freiheit zu etwas«, ist reaktiv und bewirkt wiederum Isolation.

Freiheit ist auch unvereinbar mit Determinismus und Fatalismus. Der freie Mensch lässt sich weder als Mittel benutzen, noch benutzt er andere als Mittel. Er stellt sich aus freier Entscheidung heraus in den Dienst und lässt anderen die Freiheit, sich für ihn in den Dienst zu stellen. Johannes Chrysostomus vertrat die Ansicht, dass es das Wesen der Sünde sei, den Menschen als Mittel oder Werkzeug zu betrachten. Freiheit ist als die authentische Realisierung der menschlichen Persönlichkeit das Gegenteil von Determinismus.

Proaktive Freiheit ist Freiheit »zu etwas«, nicht zuerst Freiheit »von etwas«.

Konzentration und Staunen einüben

Nur selten erleben wir noch, dass uns eine Melodie ergreift, ein Gesicht bewegt, der Flug der Wolken berührt, dass es Erfahrungen anderer Art gibt, welche die Höhepunkte unseres Lebens ausmachen.

Wenn Kinder fragen, gehen sie immer auf das Woher, das Wohin, das Wofür und das Warum ein. Welchem Reduktionismus sind wir Erwachsenen zum Opfer gefallen? Diese Kinderfragen greifen weiter als die Frage nach der Nützlichkeit.

Ausdruck eines authentischen Lebens ist die Fähigkeit zu staunen. Kinder können das. Sie sind verblüfft, überrascht. Die Einzigartigkeit von Kindern ist ihre Fähigkeit zu staunen. Die Fähigkeit zu staunen ist die Voraussetzung für alles Schöpferische. Viele haben diese Fähigkeit verloren, aber sie lässt sich wieder erlernen. Dazu gehört auch eine Bestandsaufnahme, all die Faktoren zu benennen, die uns im Leben das Staunen verlernen ließen, weil sich abgestumpft für uns das Leben eine Zeit lang besser ertragen ließ.

Ausdruck für authentisches Leben ist auch der Wille, sich zu konzentrieren. Wenn man sich konzentriert, ist das, was man gerade tut, das Wichtigste. Man muss sich bisweilen sehr darum bemühen, das Richtige und das Falsche, das Gute und das Destruktive voneinander zu trennen.

Ausdruck für authentisches Leben ist auch Selbstbewusstsein. Selbstbewusstsein im ursprünglichen Sinne heißt: sich des Selbst, sich der eigenen Überzeugungen bewusst zu sein. Wenn mein »Ich selbst« mir bewusst ist, wenn mir meine Überzeugungen bewusst sind, dann verfüge ich über eine Kraft, die andere durchaus zu Recht als »selbstbewusst« erkennen.

Konflikte und Spannungen nicht verdrängen

Konflikte sind leider Wirklichkeiten unseres Lebens. Positiv betrachtet sind sie das notwendige Material zur gesunden Entwicklung unseres Charakters. »Authentisch leben bedeutet die Bereitschaft, Illusionen aufzugeben, den Unterschied zu anderen zu bejahen, Isolierung zu ertragen, sich um nichts zu kümmern als um Echtheit in Bezug auf das eigene Denken und in Bezug auf das eigene Fühlen.«[77]

Aufbruch zum Mut

Jeder kann mutig werden, wenn er es will

Fassen wir die letzten Abschnitte zusammen: Den von vorneherein mutigen Menschen gibt es grundsätzlich nicht. Vielmehr ist der Aufbruch zum Mut ein Prozess, den jeder Einzelne, wenn er nur will, durchmachen und als Mutiger wieder verlassen kann. Mut gründet auf dem Wissen um meine Einmaligkeit. Ich darf sein, der ich bin, und werden, der ich sein kann.

Wollen wir uns auf diesen Prozess einlassen, müssen wir erkennen, dass Zivilcourage in erster Linie nicht einfach wie beispielsweise eine Fremdsprache erlernt werden kann. Menschen, die zivilcouragiert handeln, handeln oft intuitiv. Subjektive Erfahrungen und ihre persönliche Geschichte haben sie vorbereitet, ihr Handeln geschieht aus ihrer habituellen Struktur, die sich im Laufe des Lebens herausgebildet hat oder auch eingeübt worden ist. Ihre wirkliche Prägung zeigt sich in dem Moment, in dem die Herausforderung plötzlich und unwiderruflich da ist. Es sind Menschen, die den Mut zum Widerspruch haben – die Fähigkeit zur aktiven, gleichberechtigten Beziehung zu anderen Menschen, die Fähigkeit, Außenseiterpositionen einzunehmen, um zu einer anderen Sichtweise und damit zu einer besseren und ausgeprägten Urteilsfähigkeit zu gelangen. Es sind Persönlichkeiten, die Toleranz gegenüber abweichenden Meinungen besitzen und ebenso Vertrauen in die Leistungen der anderen. Sie können Fehler als Chance für Verbesserung und Lernen begreifen, statt diese wertend einer Person anzulasten. Es sind gleichzeitig aber auch Menschen, die persönliche Interessen wenn nötig für andere oder ein größeres Ganzes zurückstellen können. Weder Widerstand noch Loyalität sind Werte in sich, wie es all die »-ismen« des vergangenen Jahrhunderts vermitteln wollten, sondern sie sind hinsichtlich der verfolgten Werte sorgfältig zu prüfende Wege zur Authentizität.

Kurzum, mutig sind Menschen, die die Fähigkeit zur Selbstreflexion und zur Kommunikation haben. Dieses Profil sollten wir idealerweise bei unserem gemeinsamen Aufbruch zum Mut vor Augen haben.

Kleine Schritte

Die meisten Reflexe, die uns zum mutigen Handeln aufrufen, spielen sich leider nur in der Welt der Gedanken ab. Einer mutigen Tat geht daher immer ein Handlungsimpuls voraus, der stark genug ist, den Gedanken in die Tat umzusetzen.

Der persönliche Fortschritt im Umgang mit Mut, auf dem Weg vom Gedanken zur Tat, ist nicht das Ergebnis heroischer Augenblicke, sondern das Resultat kleiner Schritte. Wer mutig ist, die kleinen Schritte zu gehen, findet dann auch den Mut, die großen Schritte zu gehen.

Es ist sehr wichtig, dass wir persönlich aktiv werden! Keinem von uns wird die mutige Tat einfach so in die Wiege gelegt. Tue das, was du als richtig empfindest, erkenne und benenne die eigenen Fortschritte, schätze dich dabei immer wert, auch bei Rückschlägen und Niederlagen, und lerne durch Erfahrungen. Ohne Selbstvertrauen gibt es keinen Aufbruch zum Mut!

Früheres und Versagen nicht verdrängen oder schönreden

Der Anfang jeder Aktivität beginnt damit, ehrlich mit eigenen Unterlassungen in der Vergangenheit umzugehen. Diejenigen, die sich ihrem eigenen unmutigen Verhalten in der Vergangenheit gegenüber verschließen, werden aus einem unprofilierten Lebensstil des Opportunismus zeitlebens nicht herauskom-

Der Anfang jeder Aktivität beginnt damit, ehrlich mit eigenen Unterlassungen in der Vergangenheit umzugehen.

men und somit auch den nachfolgenden Generationen keine nachhaltigen Aussagen der Ermutigung hinterlassen.

Interview mit Prof. Hans Mommsen, Historiker, geb. 1928[78]

SPIEGEL: Einzelne Unternehmen weigerten sich nach dem Krieg, ihre Archive zu öffnen, sodass ihr Verhalten lange im Dunkeln lag.

Mommsen: Schlimmer noch war, dass Akten aus der damaligen Zeit in den fünfziger Jahren zum Teil gezielt vernichtet wurden, so wie etwa bei der Volkswagen AG.

SPIEGEL: Und nach dem Kriegsende 1945 – setzte da Selbstkritik ein?

Mommsen: Nein, die Unternehmer verhielten sich da nicht anders als die anderen deutschen Eliten. Bei Ferdinand Porsche etwa war nach dem Krieg nicht die geringste Spur von Unrechtsbewusstsein zu erkennen; er fühlte sich bei den Vernehmungen durch die U.S. Army ungerecht behandelt.

SPIEGEL: Wurden die Wurzeln des Wirtschaftswunders nach dem Krieg schon im Dritten Reich gelegt?

Mommsen: Es gibt eine Reihe von Unternehmen, die sich bereits unter den Nazis für die Zeit danach eine günstige Ausgangsposition verschaffen konnten.

Der Entschluss, aktiv zu werden

Der wichtigste Schritt auf dem Weg zu einem authentischen und mutigen Leben ist der Entschluss, persönlich aktiv zu werden. Ich muss mich dafür entscheiden, mich nicht nur gedanklich mit dem Thema auseinanderzusetzen, sondern das zu tun, was ich als richtig und notwendig erkenne. Dazu ist es notwendig, zuerst einmal nach den Gründen zu suchen, die mich daran hindern, aktiv zu werden. Das können beispielsweise Ängste sein, wie die Angst davor, bloßgestellt zu werden oder sich Nachteile aus einer mutigen Tat einzuhandeln.

Wenn man seine persönlichen Gründe herausgefunden hat, muss man sich in die Konfrontation mit den dahinterstehenden Ängsten hineinbegeben. Mut heißt, der Angst ins Auge zu blicken. In der Psychotherapie werden Ängste oft mit Hilfe einer Konfrontationstherapie behandelt. Entweder geschieht die Konfrontation durch die gedankliche Auseinandersetzung, indem der Patient beispielweise an die gefürchtete Spinne denkt; oder sie geschieht, indem er konkret die gefürchtete Spinne anfasst.

Initialzündung einer mutigen Entscheidung ist der Abschied von der Opferrolle

Ein zweiter wichtiger Schritt auf dem Weg zu einem mutigen Leben ist der Abschied von einer wie auch immer gearteten Opferrolle. Beschreiben wir zunächst diese Rolle.

Viele Menschen, die auf andere Einfluss haben, wollen deren problem- und schuldbehaftetes Leben aus falsch verstandener Zuneigung schönreden. Es sind beispielsweise gewisse Psychologen, die sämtliche Probleme mit der Vergangenheit oder den Umständen erklären können. Sie wollen ihre Klienten beruhigen, nehmen ihnen tatsächlich aber ihre Freiheit und degradieren sie zu Maschinen, die nach dem Reiz-Reaktions-Prinzip funktionieren.

Wir Menschen sind aber weit mehr als die Reaktion auf äußere Reize. Dadurch, dass wir im Einklang mit unseren inneren Werten Verantwortung übernehmen, geben wir unserem Leben eine individuelle, neue Spur und lösen uns aus dem zwanghaften Mechanismus mutloser Fremdbestimmung. Wenn ich persönlich für sämtliche Konsequenzen meines Tuns verantwortlich bin, kann ich auch frei sein, da nun nicht länger ein anderer Um-

Eine wesentliche Voraussetzung für eine mutige Entscheidung ist die Fähigkeit, eine Situation nach persönlichen Werten zu deuten. Menschen, die dazu fähig sind, sind auch fähig zum Mut.

stand oder eine andere Person vorgeschoben werden kann. Ein Mensch, der die Eigenverantwortung für sein Handeln und Tun nicht ergriffen hat, hat den Wesensgehalt der Freiheit nicht begriffen. Einer meiner Mitarbeiter bemerkte dazu Folgendes: »Als ich mich mit dem Thema Minderwertigkeitsgefühle auseinandersetzte, bedeutete es für mich einen Durchbruch, mich vom Begriff Minderwertigkeitsgefühl (passiv, reaktiv, krank) zu lösen, um in meinem Fall den Begriff Eifersucht (aktiv) einzusetzen. Ich wurde zur handelnden Person und konnte dann mit der Eifersucht dealen und sie überwinden (ich gönne anderen ihre Gaben und stehe zu den meinen).«

Folgendes Schaubild stellt den Gedanken des Abschieds aus der Unfreiheit der Opferrolle in die Freiheit des eigenverantwortlichen Handelns dar.

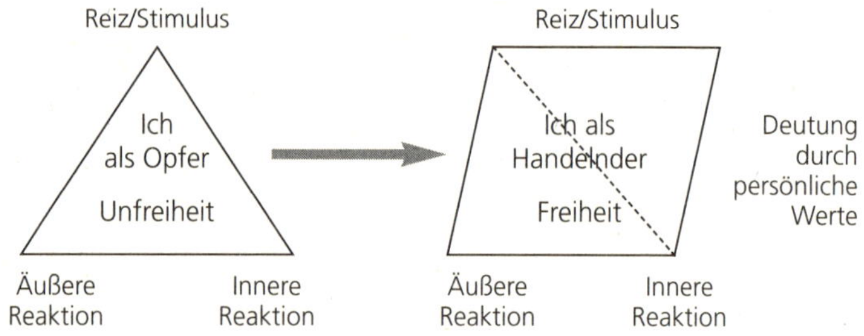

Entscheidungen kommen zustande, wenn man sich von der Entscheidung für einen neuen Schritt mehr Vorteile als Nachteile erhofft. Menschen, die dem unfreien Opfersystem zugehören, fällen oft kurzfristige Entscheidungen. Der Grund liegt darin, dass sie ihre Entscheidungen ständig von Reizen und äußeren Einflüssen abhängig machen, statt das Wesentliche dazwischenzuschalten, nämlich die Fähigkeit der Deutung anhand persönlicher Werte, von denen sie überzeugt sind. Menschen, die dazu fähig sind, sind auch zum Mut fähig.

Grundsätzlich wird alles, was auf mich wirkt, zuerst gedeutet. Die Richtung der Deutung hängt von meinen Werten ab. Meine Werte und Glaubenssätze bestimmen meine Interpretation. In diesem Stadium haben wir noch unsere Freiheit. Wenn wir dieses Freiheitsmoment jedoch verpassen, kommen wir aus dem kreisförmigen Ablaufschema Reiz – innere Reaktion – äußere Reaktion nicht heraus und können keinen ausgewogenen Lebensstil des Mutes entwickeln.

Was hilft uns nun dabei, an unseren Entscheidungen festzuhalten und den Aufbruch zum Mut zu wagen?

Eine große Hilfe sind langfristige Zukunftsperspektiven. Hier helfen mir die Fragen danach, welche Spuren ich im Sand dieser Welt hinterlassen, welchen Zweck ich erfüllen will, und die Fragen, ob ich meiner Umgebung ein »value add« sein möchte oder nicht.

Dafür ist es von Bedeutung, die eigene Vergangenheit zu bereinigen. Wenn ich in Dankbarkeit zurückblicken kann, wenn ich versöhnt bin mit meinem Gestern, dann kann ich mit Zuversicht und Mut an das Morgen denken. Natürlich können wir unsere Vergangenheit nicht verändern, wohl aber unsere Haltung zu ihr.

Viele haben einen veränderten Blickwinkel als Unterstützung auf dem Weg zu einem mutigen, eigenverantwortlichen Leben erfahren. Es steht nun nicht mehr die Frage im Vordergrund, was mir zustößt, sondern wie ich darauf reagiere. Sicher, das Leben gibt mir bisweilen keine Wahl, wo ich hindurch muss, jedoch bin ich unter diesem Blickwinkel dazu befreit, das Wie des Durchgehens zu bestimmen.

Natürlich sind meine Werte und auch meine Motive eine notwendige Hilfe beim Aufbruch zum Mut. Ich sollte lernen, mir bei jeder wichtigen Entscheidung die unbequeme Frage zu stellen, welche Werte und Motive meinen Verhaltensweisen zugrunde liegen. Ich muss mich in die Lage versetzen, über Vorteile und Konsequenzen meiner Motive nachzudenken. Ich sollte die Motive anhand meiner persönlichen Werte bewerten und gegebenenfalls auch entlarven können. Die Reihe der Motive ist lang: Macht, Freiheitsbedürfnisse, Unabhängigkeit, Neugierde, Anerkennung, Ordnung, Angst oder auch materielle Antriebe, Geiz, der Wunsch nach Sicherheit, nach Reichtum, nach Geborgenheit oder Rache gehören zu ihren Facetten.

Ermutigung vermitteln steigert den eigenen Mut

Ermutigung ist eine Basis, ein Motor, ohne den der Mut nicht angekurbelt werden kann. Ermutigung kann direkt oder indirekt erfolgen. Direkte Ermutigung können wir beispielsweise durch das Lob einer vertrauten Person erfahren, indirekte Ermutigung erfahren wir durch das wertschätzende Klima unseres sozialen Umfeldes.

Ein mutiger Mensch kann andere ermutigen und lässt sich selbst ermutigen. Dem Duden nach gehört das Verb »*er*mutigen« mit der Vorsilbe »*er-*« zu den Wörtern, die die Erreichung eines Zwecks ausdrücken. Er-mutigung bezeichnet demnach jedes Zeichen der Aufmerksamkeit, das anderen oder uns selbst Mut macht oder Auftrieb gibt (Theo Schoenaker).[79]

Ich habe begonnen, mir mein eigener Freund zu sein. Damit ist schon viel gewonnen, denn man kann nie mehr einsam sein.

Seneca

Die Reformpädagogin, Philosophin und Ärztin Maria Montessori sagt dazu: »Was man als Ermutigung, Trost, Liebe, Achtung bezeichnet, das sind Hebel für die Seele des Menschen, und je eifriger sich jemand in diesem Sinne bemüht, desto nachhaltiger erneuert und stärkt er das Leben um sich herum.« Jeder sollte sich dafür entscheiden, Positiv-Modell für

Ermutigung zu sein, da alle störenden Verhaltensweisen im Grunde genommen das Ergebnis von Entmutigung sind.

Mutiger wird man auch durch Selbstermutigung, und dieser Prozess der Selbstermutigung führt zu mehr Selbstvertrauen, das wiederum eine Basis für Mut darstellt. Selbstermutigung zielt auf eine realistische Selbsteinschätzung, die die positiven Seiten betont.

Mut fördern durch positive Verstärkung

Wir können Fallbeispiele von Mut öffentlich thematisieren und rühmen, in der Schule, im Elternhaus, am Arbeitsplatz, im Wohnort. So kann bei manchen schon eine Sensibilisierung für mutiges Handeln entstehen.

Fähigkeit zur Reflexion und Assoziation

Die Fähigkeit zum Handeln existiert nur dann, wenn das eigene Erleben in einer ähnlichen Situation bereits reflektiert worden ist; eine aktuell erlebte Situation muss also mit den eigenen Gefühlen aus der Vergangenheit oder gegenüber einem möglichen zukünftigen Erleben in Verbindung gebracht werden. Im Rückblick werden persönliche Erfahrungen von Benachteiligung, Ausgrenzung oder Gewalt überdacht und daraus Schlüsse für das eigene Handeln gezogen. Werden die eigenen Erfahrungen mit Diskriminierung, Ausgrenzung oder Gewalt nicht reflektiert, oder besteht die Tendenz, dass sich jemand nicht mehr daran erinnern oder vermeiden will, sich mit den vergangenen Kränkungen auseinanderzusetzen, wird er in solchen Situationen keine Nähe zum Problem herstellen können; Empathie und Perspektivwechsel für die betroffene Person werden unterbunden.

Wie würde ich handeln?

Auch die eigene Nähe zum Problem kann Auslöser für mutiges Handeln sein. Diese Nähe zeigt sich darin, dass jemand das dem Opfer Zugefügte selbst erlebt oder das Gefühl hat, er könne eine solche Situation selbst einmal erleben. Auf diese Weise entsteht eine besondere Identifikation mit der Person, die sich in einer Notlage befindet.

Wer sich nie gedanklich mit extremen Situationen auseinandergesetzt und sich dabei nicht die Frage gestellt hat, wie er in einem bestimmten Fall handeln würde, wird in einer Situation, in der mutiges Handeln gefordert ist, niemals entgegen seinen Lebensmustern und Gewohnheiten handeln.

Wir sind täglich durch die Medien Zeugen von kritischen Situationen, in denen Mut gefordert ist. Das können wir als Übungsanlass nehmen und uns fragen, wie unsere mutige Entscheidung aussähe, wie wir handeln würden, wenn wir selbst in dieser Situation stünden.

Pflege von Freundschaften mit mutigen Menschen

Manchmal kommen Momente der Bewährung spontan und erfordern einen spontanen Entschluss. Oft sind es aber Situationen, in denen einem Zeit bleibt, die einzelnen Schritte des Handelns vorzubereiten und zu durchdenken. Hier empfiehlt sich auch das Hinzuziehen eines guten Freundes oder eines Menschen, der einen versteht und einem nahesteht. Vorbilder haben gesagt oder getan, wovor wir noch zögern. Sie machen uns Mut.

Neue Leitsätze schaffen

Ich überlege mir, welche positiven Leitsätze ich mir schaffen kann:

»Ich schweige nicht, wenn das Recht gebeugt wird.« »Ich schweige nicht zu Unrecht, auch wenn mir dadurch Nachteile entstehen.« »Ich nehme meine Gefühle von Mitleid ernst.« »Ich pflege meinen Gerechtigkeitssinn.« »Das Wohlergehen der anderen ist mir nicht gleichgültig.« »Ich dulde keine Intrigen und Manipulationen in meiner Umgebung.« »Meine persönliche Würde ist mir wichtiger als materieller Wohlstand.« »Meine mutigen Entscheidungen werden mir langfristiges Wohlergehen und Frieden sichern.« »Die Ordnung meines inneren Hauses ist mir wichtiger als die Ordnung meines äußeren Hauses.«

Klare persönliche Ziele

Wir müssen wissen, warum wir uns couragiert verhalten sollen. Trägheit, Bequemlichkeit und angepasstes Verhalten kann man nicht durch Appelle überwinden: Es braucht Hoffnung, Vision, Zuversicht und Glaube an die Gerechtigkeit.

Moralisches Verantwortungsbewusstsein und Gewissenspflege

Meistens ist die Bereitschaft, sich für unbekannte Personen einzusetzen oder für solche, mit denen man wenig zu tun hat, gering. In diesem Fall muss das moralische Verantwortungsbewusstsein stark genug entwickelt sein, um einen Handlungsimpuls auszulösen.

Die Entscheidung für eine mutige Handlung, für Zivilcourage, ist eine Gewissensentscheidung. Das eigene Gewissen wird darüber entscheiden, ob man sich gegen die geistigen Strömungen seiner Zeit wendet und ob man mutig Stellung nimmt, welches mit persönlichen Nachteilen verbunden sein könnte. Da Gewissensentscheidungen oft mit Gewissenskonflikten einhergehen, muss das Gewissen trainiert werden. Wir müssen uns fragen, wie wir unsere Werte festigen können, was wir gegen die Entwertung oder Entmachtung unseres Gewissens tun können, und auch, wie wir mit der Einsamkeit umgehen, die ein steter Begleiter von couragiertem Handeln ist. Ist uns klar, was Zivilcourage bewirkt?

Die Prägung des persönlichen Habitus nicht dem Zufall überlassen

Für couragiertes Handeln sind die persönlichen Erfahrungen und das habituelle Handeln ausschlaggebend. Einen Habitus kann man nicht kurzfristig prägen und auch nicht theoretisch erlernen, sondern nur unter bestimmten Umständen der eigenen Lebenswelt langsam erwerben. Je nachdem, wie das habituelle Handeln geprägt ist, können mutige Menschen zum Beispiel in Krisenzeiten bisher unerkannte Fähigkeiten offenbaren.

Es gibt bei jedem ein habituell geprägtes Bedürfnis, nicht nur zu reagieren, sondern zu handeln. Wir können dieses Bedürfnis durch Übungen und durch Bewusstwerdungsprozesse positiv verstärken und beeinflussen.

Menschen, die mit übergeordneten religiösen oder metaphysischen Wertesystemen verbunden sind, können leichter Urteile fällen, die für sie dauerhafte Gültigkeit haben. Die Urteile nehmen dann auch mit der Zeit den Charakter von Maximen an (Grundsätze, Lebensregel, Richtschnur des Wollens und Handelns).

Die eigene Macht zum Guten einsetzen

Jeder von uns verfügt über ein bestimmtes Maß an Einflussnahmemöglichkeit, oder sagen wir, Macht. Was ist nun Macht im guten Sinne? Wir wissen alle, dass es nicht genügt, bloß zu erkennen, was für ein Kind, für die Gemeinde, für das Allgemeinwohl gut wäre. Die berechtigten und förderlichen Anliegen müssen auch umgesetzt und verwirklicht werden und gegen eingerostete Gewohnheiten oder egoistische Einzelinteressen zum Durchbruch kommen. Es genügt auch nicht, einzusehen, was für die Familie und das Kind schädlich ist, was das Vertrauen untergräbt und die Zukunft verbaut, was die Atmosphäre vergiftet. Man muss sich gegen das Zerstörerische wehren, das Schlechte am Aufkommen hindern oder doch möglichst wirksam eindämmen. Das ist Macht im guten Sinne.

An der inneren Freiheit, auf Recht und Strafe zu verzichten, zeigt sich, ob wir unsere Macht souverän und in differenzierter Weise gebrauchen können.

Macht im guten Sinne kann auch der bewusste Verzicht auf Machtausübung sein. Jeder Akt von Begnadigung, Amnestie und Vergebung spiegelt diesen Verzicht auf eigentlich gerechtfertigte Strafe beziehungsweise Rache wider. An der inneren Freiheit, auf Recht und Strafe zu verzichten, zeigt sich, ob wir unsere Macht souverän und in differenzierter Weise gebrauchen können.

Ich meine, dass es eine Macht und eine Autorität zum Positiven gibt, mit der wir viel erreichen können. Macht kann zur Freiheit befreien, wo Stärke die Schwäche nicht übersieht, wo Ordnung nicht Selbstzweck ist, sondern einen sicheren Lebensraum bietet, wo Verantwortungsbewusstsein der Willkür die Stirn bietet, wo der Zweck nicht mehr alle Mittel heiligt, wo Ohnmacht sein darf, und dort, wo die Würde des Menschen nicht mit Füßen getreten wird.

Rechtzeitig Einflussmöglichkeiten in der Kindererziehung wahrnehmen

Kinder durchleben Entwicklungsabschnitte, in denen sie in ihrer direkten und natürlichen Art Zivilcourage zeigen. Kinder sagen offen, was sie denken, was ihnen nicht gefällt, und sie halten an ihren Wertvorstellungen fest. Oft wird ihnen jedoch genau dieser Mut aberzogen und als ungehörig zurückgewiesen. So lernen sie schon sehr früh, Spontaneität einzuschränken und sich anzupassen. Hier finden wir eine wichtige Ursache für fehlende Zivilcourage.

Menschen, die prosoziales Verhalten zeigen, zeichnen sich durch eine ausgeprägte Wertschätzung anderer Menschen aus. Sie verfügen über ein positives Menschenbild, sie sind beziehungsfähig, einfühlsam, und sie folgen klaren moralischen Werten. Sie haben oft Eltern gehabt, die ihnen Wärme und Zuneigung schenkten und ihnen in der Erziehung liebevoll Grenzen gesetzt haben. Diese Eltern haben gemeinsam mit dem Kind darüber nachgedacht und ihm erklärt, warum sie als Eltern bestimmte Verhaltensweisen erwarten und warum sie andere missbilligen. Sie zeigten dem Kind die Folgen seines Verhaltens im positiven wie im negativen Sinne auf. Die Eltern kontrollierten das fest, aber nicht gewaltsam, und so leiteten sie ihr Kind an, jeweils entsprechend ihrer gemeinsamen Werte und Überzeugungen zu handeln. Sie haben das Kind ein Verhalten gelehrt, welches anderen Menschen nutzt.

Empathie und Zuwendungsfähigkeit einüben

Es kommt viel leichter zum aktiven Handeln, wenn zur Empörung über Ungerechtigkeit auch eine »fürsorgemoralische« Haltung hinzukommt, also Einfühlungsvermögen und Mitgefühl, sowie die Fähigkeit zum Perspektivwechsel. Perspektivwechsel bedeutet, sich in die Lage eines anderen versetzen und die Dinge auch aus seiner Sicht sehen zu können.

Der Begriff Mitleiden hängt eng mit dem der Sympathie zusammen. Der griechische Begriff »sym patheien« bedeutet mitleiden, mit-fühlen. Sympathie entsteht, weil ich dem Gegenüber in seinem Leid begegne und Anteil nehme, ihn mein Mitgefühl spüren lasse. Es ist ein Mitgefühl, das Menschen dazu ermutigt, sich für humane Werte einzusetzen. Diese Fähigkeit ist eine der menschlichsten, und sie mobilisiert oft ungeahnte Kräfte zum Helfen und zum Widerstehen, zum Durchhalten und zum Überwinden. Auch die Fähigkeit zum Mitleid hängt oft mit Kindheitserfahrungen zusammen. Wer sich als Kind tief angenommen gefühlt hat, ist dazu natürlich mehr in der Lage. Kinder, die die Erfahrung gemacht haben, dass sie durch ihre eigene Kraft wohltuend Lebensereignisse mit prägen und verändern konnten, sind auch später zuwendungsfähig.

Grundlage für Empathie ist die Liebe. Sie ist die wichtigste Möglichkeit der Bezogenheit zu anderen, die zugleich die persönliche Integrität und Authentizität bewahrt.[80] Sie ist die Grundlage dafür, dass wir mit der Wirklichkeit in Beziehung treten, ohne uns selbst zu verlieren. Liebe ist zugleich die Befreiung unser selbst aus dem Gefängnis des Egoismus, der uns entgegen der landläufigen Meinung letztlich nicht authentisch macht, sondern aushöhlt. Egoisten neigen langfristig dazu, sich selbst und die Sicht für die Wirklichkeit zu verlieren und Opfer ihrer eigenen Triebe zu werden. Die Liebe erkennt und entlarvt Egoismus, Narzissmus und Selbstsucht. Sie befähigt uns, uns in Drucksituationen sowohl von der einen, als auch von der anderen Seite abzugrenzen, ohne uns dabei selbst zu verlieren. Sie ist Respekt vor dem anderen. Liebe löst sich weder in einem anderen Menschen auf, noch strebt sie nach dem Besitz des anderen, sondern sie bejaht den anderen auf der Basis der Erhaltung des individuellen Selbst. Wenn der Mensch so zur Welt in Beziehung tritt, gewinnt er Kraft und Sicherheit.

Die Grundlage dafür, dass wir mit der Wirklichkeit in Beziehung treten, ohne uns selbst zu verlieren, ist allein die Liebe.

Empathie ist also ein elementares Mitgefühl, das Menschen dazu befähigt, sich in die Not anderer hineinzuversetzen und sich deswegen für sie einzusetzen. Wirkliche Empathie zeigt sich darin, dass einem andere Menschen und deren Schicksal nicht gleichgültig sind. Ich verweigere mich jeder Abstumpfung. Ich reagiere mit allen meinen Fähigkeiten, mitzuleiden und mich mitzufreuen. Ich achte auch den unverwechselbaren Wert der anderen. Wer Menschen nicht liebt, manipuliert sie. Mitleiden ist die stärkste moralische Kraft und sollte auch die Grundlage für ein politisches Engagement sein. Der Wunsch, sich einzusetzen, entspringt der Einfühlung in die Situation von Unterdrückten und Eingesperrten. Menschen, die sich nicht an Gefühle erinnern, die im Zusammenhang mit eigener Diskriminierung, Ausgrenzung oder Gewalterfahrung stehen, bringen hingegen selten Empathie für die aktuelle Situation eines Opfers auf.

So ist das Einüben von Zuwendungsfähigkeit ein wichtiger Baustein für den Aufbruch zu mehr Mut. Hilfreich können die Fragen sein, wie oft ich über mein eigenes Wohlergehen nachdenke und wie sehr mich dabei das Wohlergehen meiner Umgebung beschäftigt oder wann mich das letzte Mal ein Mitgefühl bewegt hat. Hatte ich dabei den Impuls zu handeln? Wenn ja, bin ich diesem Impuls nachgegangen? Wenn nein, weshalb nicht?

Selbstachtung als Kompass

Avishai Margalit[81] meint: »Selbstachtung ist jene Haltung, die Menschen ihrem eigenen Menschsein gegenüber einnehmen, und Würde ist die Summe aller Verhaltensweisen, die bezeugen, dass ein Mensch sich selbst tatsächlich achtet. Würde tritt dadurch zu Tage, dass Menschen sich würdig verhalten auf eine Weise, welche die Selbstachtung zum Ausdruck bringt, die sie verspüren.«

Menschen mit hoher Selbstachtung sind bereit, Wankelmut und Bequemlichkeit aus Wahrhaftigkeit hintanzustellen. Sie sind dazu bereit, Vorteile einzubüßen und zu Überzeugungen zu stehen, die die eigene Karriere gefährden können. Sie erklären moralische Grundsätze nicht für unwirksam, um Konflikte zu vermeiden. Diese Menschen sind auch dann mutig, wenn ihnen dadurch der Erfolg abhanden gehen könnte.

Immer wieder zeigt sich, dass sie von dem Wunsch erfüllt sind, das Rechte zu tun. Sie verfügen über Ideale, denen sie sich durch ihr Handeln annähern möchten. Es gibt bei ihnen Tugenden wie Gerechtigkeit, Solidarität, Hilfsbereitschaft, Frieden, Wahrhaftigkeit, Freiheit, Unabhängigkeit, Mitleidensfähigkeit oder Ehre, die für sie viel bedeuten. Heute hat der Begriff der Ehre seine Bedeutung eingebüßt. Das hängt damit zusammen, dass das Leben immer mehr verrechtlicht wird und wir eine immer stärkere Tendenz zur Individualisierung feststellen. Auch die Moral ist davon betroffen, und deswegen spricht man kaum noch von Ehre. Wo einheitliche Verhaltensnormen schwinden, muss das Bedürfnis nach ehrenvollem Verhalten zwangsläufig auch abnehmen.

Die Wahrung der übrig gebliebenen individualisierten Würde geschieht heute leider weniger in einem aktiven Handeln, als in einem passiven »Sich-schützen«-Wollen. Das geschieht dadurch, dass man andere nicht zu nah an sich heranlässt und sich in Bezug auf allgemeingültige Verhaltensregeln unauffällig verhält. Das ist aber der falsche Weg.

Nur eine tiefe Einsicht, welch schützenswertes Gut die Integrität und Ehre des Einzelnen darstellen, wird uns auf den rechten Weg bringen können. Erst, wenn uns die Erkenntnis, dass sich unsere persönliche Würde als stärker erweisen muss, als der Druck, der uns entgegenkommt, zur Überzeugung geworden ist, befinden wir uns auf dem Weg, ein Mensch mit Zivilcourage zu werden. Zivilcourage heißt dann, dem Kern des Menschseins – der persönlichen Integrität – treu und verpflichtet zu bleiben, auch unter Druck.

Die innere Balance pflegen

Menschen, die den Anforderungen der inneren Balance folgen, können sich einer angepassten Moral, die sie als einengend und auch als heuchlerisch erfahren, widersetzen. Sie gehen lieber das Risiko des Scheiterns ein, als sich einem Regime äußerer Regeln entgegen ihrer Natur zu unterwerfen. Zur Pflege der inneren Balance helfen ihnen regelmäßige Zeiten des Nachdenkens und der persönlichen Bestandsaufnahme. Genauso hilfreich sind kritische Freunde, denen sie das Recht einräumen, ins eigene Leben hineinsprechen zu dürfen –, das Sich-Beschäftigen mit der Sinnfrage, das regelmäßige Überprüfen der eigenen Ziele und die vorher angesprochene Pflege des Gewissens.

Menschen mit innerer Balance können sich einer verordneten Moral aus zweiter Hand widersetzen.

Menschen, die eine innere Balance halten, sind Menschen, die sich einer verordneten Moral aus zweiter Hand widersetzen. Bei ihnen entwickelt sich die Kongruenz zu moralischen Gesetzen von innen heraus.

Einsamkeit ertragen

Nur wer ein ausgewogenes Maß an Einsamkeit ertragen kann, vermag sich auch mehr und mehr von dem Zwang der Anpassung zu befreien. Welche Unterschiede in unserem persönlichen Wohlergehen stellen wir fest zwischen Gemeinschaftserlebnissen und dem Alleinsein? Kommen uns die nachhaltigeren Gedanken in der Gruppe oder in der Einsamkeit? Leiden wir unter Langeweile und Einsamkeit, wenn wir ohne Gesellschaft sind? Schätzen wir die Zeit, die wir für uns allein haben – nutzen wir sie auch?

Introspektionsfähigkeit lernen

Es gehört oft mehr Mut dazu, seine Meinung zu ändern, als ihr treu zu bleiben.[82]

Bei Menschen mit Introspektionsfähigkeit handelt es sich um Menschen, die eine distanzierte persönliche Beziehung zu sich selbst und zu anderen entwickelt haben. Diese Fähigkeit ermöglicht es ihnen, sich selbstkritisch zu beurteilen. Durch diese Schau von außen und die dadurch verbundene schonungslose Arbeit an ihrer Persönlichkeit konnten sie ein hohes Maß an Überzeugungskraft und Glaubwürdigkeit entwickeln.

Wir brauchen es, dass wir uns von Zeit zu Zeit selbstkritisch betrachten und zum Teil sogar harsche Selbstkritik üben. Selbstkritik an sich ist nichts Schlechtes, denn aus ihr lernen wir uns besser kennen und können unsere Schwächen erkennen und an ihnen arbeiten. Jedoch sollte Selbstkritik nur mit Maß geübt werden, da man sonst eine negative Haltung zu sich selbst bekommt und gleichwohl daran zerbrechen kann.

Leider ist bei Topmanagern die Fähigkeit zur Selbstreflexion unterentwickelt.

Zu Ende denken und Zukunftsschau entwickeln

Von Alfred Herrhausen stammt die interessante Bemerkung, dass die meiste Zeit dadurch verloren geht, dass wir nicht zu Ende denken. Dabei gibt uns eine genauere Betrachtung von Ereignissen und Trends ständig Hinweise auf mögliche Zukunftsszenarien. Man denke an die kontroversen Zukunftsprojektionen möglicher Folgen der Erderwärmung. Menschen mit Zivilcourage sind Menschen, die die Zukunftsszenarien, die möglicherweise auf andere oder auf uns zukommen können, vorhersehen. Ihre Besorgnis befähigt sie dazu, sich konstruktiv und präventiv zu engagieren.

Fachkompetenz ausbauen

Wir haben zu lange gewisse Entscheidungen den so genannten Sachverständigen überlassen, und das ist eigentlich recht unüberlegt, wenn man zum Beispiel bedenkt, dass jeder Minister werden kann, ohne Sachkompetenz nachweisen zu müssen. Wir haben das Denken noch nicht richtig verinnerlicht, dass sich Bürger in einer Demokratie nicht entmündigen lassen, sondern sich eigentlich selbst mit Sachverhalten vertraut machen müssen. Karl Friedrich von Weizsäcker sagte einmal: »Sinnvollerweise könnte Demokratie heute bedeuten: Entscheidung nicht durch die Sachverständigen, sondern durch die Betroffenen. Und diese Forderung verlangt, dass die Betroffenen sich hinreichend sachverständig machen.«

Artikulationsvermögen einüben

Außerdem sind Artikulations- und Argumentationsfähigkeit von Bedeutung: Wer sich selbst so einschätzt, dass er gut reden und argumentieren kann, der wird subjektiv und objektiv eher fähig und bereit sein, sich für andere einzusetzen. Diese Fähigkeiten verleihen ein Gefühl persönlicher Kompetenz und Sicherheit.

Frei zu reden kann erlernt werden. Auch das braucht wiederum den Mut, sich von den Prokrustesbetten einer Vortragsmentalität zu lösen. Durch das Erlernen von vorformulierten Vorträgen haben wir die Unbefangenheit der freien Rede abgelegt. Erinnern wir uns noch daran, wie überzeugend wir als Kind unsere Anliegen durchsetzen konnten? Zum Einüben der freien Rede ist vor allem Loslassen nötig. Üben wir im kleinen vertrauten Kreis, frei und überzeugend zu kommunizieren, dann verlieren wir auch die Angst davor, im großen Kreis oder in unmittelbar auftretenden Situationen Rede und Antwort zu stehen, wo unsere Stimme gefragt ist.

Politische Wachheit pflegen

Wählen Sie zukünftige Politiker nach einem Kriterienkatalog aus, der Ihre ethischen Perspektiven, Ihre soziale Empfindsamkeit, Ihre Verständigungsbereitschaft, Ihren Mut, Ihre Lernfähigkeit und Bereitschaft zur Selbstkritik, Ihre Beziehungsfähigkeit und Fürsorge sowie Ihre Echtheit und Wahrhaftigkeit überprüft. Überlassen Sie die Politik nicht dem Zufall.

Manchmal auch schweigen

Nicht immer ist Reden angebracht. Manchmal ist es weiser zu schweigen. Durch zu häufige verbale Proklamationen findet eine Entwertung statt. Wir müssen auf das ausgewogene Maß achten und uns vor Inflation hüten!

Manchmal müssen wir uns auch die Frage stellen: Wem schade ich, wenn ich auf keinen Fall nachgeben will? Und immer wieder sollten wir uns selbstkritisch fragen: Verfolge ich meine eigenen Interessen, oder dient meine Zivilcourage auch anderen? Bin ich bei all meinem Mut fähig zur Selbstkritik? (Matth. 7, 1–5).[83] Und: In welchem Verhältnis stehen bei mir Versöhnung und Nächstenliebe zur Rechthaberei?

Auf Höflichkeit achten

Das Wort »zivil« schließt in seiner sprachlichen Bedeutung auch höflich und anständig ein. Nach Max Frisch ist das Höfliche die liebevolle Form für das Wahrhaftige. Kurt Singer sagt: »Da wir nie sicher wissen, was die Wahrheit ist, sprechen wir besser von dem, was wir für wahr halten. Zivilcourage ist nicht kompromisslos, draufgängerisch, unbeherrscht, laut und aggressiv.«[84]

Zivilcourage sollte nicht mit Nörgelei, Besserwisserei, Kritik-

Die Wahrheit so hinhalten, dass der andere hineinschlüpfen kann. Das bedeutet, das als wahr Erkannte aufzeigen und anbieten, statt auf andere einzuwirken, sie zu manipulieren.

Max Frisch

sucht und Überheblichkeit einhergehen. Vielmehr sollte der, an den wir uns wenden, respektiert werden. Der Widerspruch sollte eindeutig, aber nicht feindselig geschehen. Argumente werden vernünftig diskutiert, Streit und Sachdebatten können bewegt und heftig sein, jedoch ohne Andersdenkende zu verletzen. Max Frisch: »Die Wahrheit so hinhalten, dass der andere hineinschlüpfen kann. Das bedeutet, das als wahr Erkannte aufzeigen und anbieten, statt auf andere einzuwirken, sie zu manipulieren.«

Wir versuchen zu überzeugen, statt zu überwältigen, und durch einleuchtende Gründe nachdenklich zu machen.

Wir möchten durch die eigene Bewegtheit andere in Bewegung bringen. Je mehr wir dabei durch unsere Person von etwas »zeugen«, umso eher werden die Gesprächspartner nachdenklich. Kurt Singer sagt: »Zivilcourage ist keine Sache der Gewalt, auch nicht der lauten Agitation, sondern eine Sache des Geistes, eine staatsbürgerliche Haltung in vielfacher Schattierung.«[85]

Anatomie einer mutigen Entscheidung

Im Folgenden möchte ich versuchen, die einzelnen Phasen des Zustandekommens einer mutigen Entscheidung darzustellen.

Ich spüre Angst

Angst zu haben ist etwas vollkommen Normales. Angst warnte schon unsere Ahnen vor Gefahren, indem sie der Sympathikus unseres vegetativen Nervensystems aufweckte. Der Sympathikus bewirkt Anspannung, Herzrasen, das In-Gang-Setzen der Schweißdrüsen und folglich das Schwitzen. Der Sympathikus ist der Gegenspieler des Parasympathikus, des Ruhenervs. Nur durch diese physiologischen Veränderungen ist es unserem Körper möglich, entweder zu flüchten oder zu kämpfen. Angstlose Menschen leben gefährlich, da sie Gefahren nicht wahrnehmen und deshalb auch nichts dagegen tun. Es ist gefährlich, Angst zu verleugnen und zu verdrängen, aber es ist auch gefährlich, in der Angst zu verharren. Ich mache mir bewusst, dass nur von Gefühlen bewegte Menschen bedrohliche Lebenssituationen verändern können.

Die Angst, die wir haben, sollten wir also nicht verleugnen, sondern zulassen und aufdecken: Man muss sich in einem ersten Schritt gedanklich mit der Angst konfrontieren. Wenn ein Mensch es fertig bringt, zu sagen, ich habe Angst, zeigt er Mut. Ich male mir die Situation aus, vor der ich mich fürchte. Ich gehe den Konflikt in allen Einzelheiten durch. Ich versuche das, was ich dabei fühle, zu benennen, ihm einen Namen zu geben. In einem zweiten Schritt konfrontiere ich mich mit der Angst tatsächlich, in einer konkreten Situation.

Wenn ein Mensch es fertigbringt, zu sagen, ich habe Angst, zeigt er Mut.

Wenn diese Schritte geschehen sind, ist bereits ein ganzer Teil des Hindernisses überwunden. Ich sollte immer im Hinterkopf behalten, dass Angst eine gesunde physiologische Reaktion ist und dass durch diese Reaktion unser Körper und Geist leistungsfähiger und wacher werden. Ich vergegenwärtige mir, dass trotz der Anerkennung der Angst Zweifel an mir nagen können.

Ich spüre Zweifel aufkommen

Ein innerer Monolog setzt sich in Gang: »Kann es wirklich sein, dass ich recht habe und die Mehrheit unrecht?« Fluchtgedanken kommen auf: »Setze ich jetzt nicht alles aufs Spiel?« Man spürt, dass man selbst der Ordnung verhaftet ist, die man gerade antasten will. Bin ich legitimiert? Sind meine Motive lauter? Sollte nicht ein besserer Mensch als ich die Sache vertreten?

Ich denke an die Ausreden und Argumente für den Rückzug

Halten mich destruktive Leitsätze ab? Ich denke konkret darüber nach, welche Leitsätze es immer noch in meinem Leben gibt, die mich hindern, Mut zu zeigen. Der innere Monolog setzt sich fort: »Es hilft ja doch nichts, ich will mir nicht meine Finger verbrennen.« Oder: »Man wird mich auslachen.« Oder: »Jetzt bist du wieder mal unvernünftig.« Und: »Keiner wird mir danken! Die Mühe lohnt sich sowieso nicht.«

Ich spüre Einsamkeit

Ich spüre plötzlich, dass ich bei einer Entscheidung, bei der der mutige Schritt gefragt ist, allein bin. Ich denke über mögliche Folgen nach. Welche Widerwärtigkeiten bin ich bereit, als Konsequenz in Kauf zu nehmen? Eigene Entscheidungen können uns andere nicht abnehmen, wir müssen sie allein fällen. Diesen Umstand müssen wir uns bewusst machen. Die Fähigkeit zur einsamen Entscheidung ist die Fähigkeit zur Selbstverantwortung!

Ich besinne mich darauf, dass die Wichtigkeit zu handeln mehr wiegt als alle Gründe, die mich davon abhalten wollen. Ich mache mir gegenwärtig, dass es keinen Gruppenmut gibt, sondern immer nur Mut des Einzelnen. Wenn ein Mensch angetrieben ist von dem Wissen um seine persönliche Verantwortung, wird es ihm leichter fallen, Mut aufzubringen, als wenn seine Antriebe nur aus Fun, Wohlstand, Macht, Anerkennungssucht und Karrierestreben bestehen.

Ich frage mich nochmals, ob ich fähig bin, den Moment der Einsamkeit, in dem ich ganz alleine auf meine eigene persönliche Verantwortung zurückgeworfen bin, zu ertragen.

Ich muss mir hier bewusst sein, was passieren könnte, wenn ich Widerspruch wage: Ich verliere Geborgenheit, die ich mir vorher durch Anpassung sichern konnte. Bin ich bereit, diesen Verlust der Geborgenheit zu riskieren?

Ich prüfe die Motive nochmals selbstkritisch

Bin ich im Recht, wenn ich etwas offen anspreche oder Stellung beziehe? Weshalb entscheide ich jetzt so und nicht anders? Welche Motive schwingen mit und behindern eventuell meine Urteilskraft und Klarheit?

Ich identifiziere und überprüfe meine eigenen Beweggründe. Meine eigene Intuition sowie meine Gefühle werden auf den Prüfstand gestellt. Ist es Angst oder ein versteckter Wunsch nach Anerkennung, die mich zu einer Entscheidung drängen? Steht diese Entscheidung im Konflikt zu meinen definierten Werten? Wenn ja, was drängt mich, Werte aufzugeben, und wie kann ich das überwinden? Wie kann ich hier proaktiv, meinen Werten entsprechend, handeln?

Ich muss meine inneren negativen Monologe erkennen und mir neue innere positive Monologe beibringen, indem ich das Negative in etwas Positives umformuliere: »Ich weiß, dass ich das kann.« Oder: »Auch wenn mich jemand auslachen sollte, stehe ich zu meinem Entschluss.« Dieser Prozess, der mir hilft, meine blockierenden inneren Monologe zu durchbrechen, nennt sich in der Psychologie *kognitives Umstrukturieren*, oder auch einfach gedankliches Umstrukturieren.

Des Weiteren gestalte ich die Situation in meiner Vorstellung so, wie ich sie mir wünsche. Immer wieder versuche ich in meiner Vorstellung, aus der Opferrolle und dem passiv Gelebten herauszukommen, und mache mich zu einem Täter und Gestalter meines Lebens und meiner Umstände. Ich trete in meiner Vorstellung in die Begegnungssituation mit der Autoritätsperson, versuche mit ihr eine Beziehung aufzubauen, aber echt zu bleiben. Ich stelle mir vor, das Gespräch selbst zu führen, statt zu reagieren. Die Gefühle der Ohnmacht werden kleiner, wenn ich meiner Vorstellungskraft Raum gebe, wie ich mich z. B. dem Vorgesetzten gegenüber in einer bestimmten Situation authentisch verhalten würde. Ich stelle mich meinen Gefühlen, die mir im Wege stehen wollen, ich erkenne innere Widersprüche. Ich fechte den inneren

Kampf aus, ich teste verschiedene Varianten, bis ich zur Handlung bereit bin.

In diesem Prozess geschieht eine Klärung. Wenn ich das in meiner Phantasie durchgespielt habe, dann fühle ich mich besser, und die Hoffnung, selbst etwas bewirken zu können und zu werden, steigt merklich.

Ich gehe in solche Umstrukturierungen auch mit einigen Grundfragen hinein, die ich vorher abkläre: Wie kann ich in dieser Situation mit meiner Angst die Meinung äußern? Wie kann ich mein Argument wertschätzend oder sachlich vorbringen, um die Situation präventiv zu deeskalieren und meine Angst vor der Gegenaggression zu mindern? Wie kann ich die Gefühle der Wut zulassen, ohne beleidigend oder kränkend zu wirken? Wie kann ich das Gespräch selbst lenken? Mit wem könnte ich vorher die Gesprächssituation durchspielen oder durchsprechen? Welche Einstellung oder Maßnahme könnte mir helfen, eventuelle Kränkungen, die auf mich zukommen könnten, zu ertragen und trotz der Verletzungen in der Beziehung zu bleiben? Welche Sachkenntnisse und Informationen kann ich mir aneignen, um in einem Gespräch glaubwürdig zu bleiben? Kann ein Wort oder eine Handlung von mir die Situation verbessern oder klären, auch wenn niemand mich zwingt, einzugreifen, auch wenn mich niemand dafür loben oder mir einen Orden umhängen wird? Was ist hier nötig? Werde ich gebraucht? Kann ich andere zu Hilfe holen? Wofür trete ich jetzt ein? Ich entscheide mich, Ärger nicht herunterzuschlucken, sondern offen auszusprechen. Ich stelle mir bewusst die Frage: Was ist nach meinem Verständnis in dieser gegenwärtigen Konfliktsituation ein richtiges Verhalten? Ich habe meine Vorbilder vor Augen. Wie würden diese in dieser Situation entscheiden?

Ich desensibilisiere mich auf ein Misslingen

Ich stelle mir in dieser Vorstellung auch das Misslingen vor. Ich gehe genau durch, was alles schiefgehen könnte. Ich bezwecke damit, mich auf einen ungünstigen Ausgang zu desensibilisieren und somit ich selbst zu bleiben.

Diese Übung gilt auch der Realitätsprüfung: Wird die bevorstehende Auseinandersetzung mich tatsächlich bedrohen? Was kann passieren, wenn ich zu diesem Menschen hingehe? Was sind die schlimmstmöglichen Folgen, wenn ich meine Meinung sage? Wie schädlich sind die möglichen Folgen? Wie wichtig sind mir meine Werte und meine Handlungsfähigkeit in dem Moment? Was kann mich in der ängstigenden Situation beruhigen? Gibt es irgendeine Erkenntnis, die ich wie einen Leitsatz oder ein Geländer in das Gespräch mitnehmen kann?

Ich mache mir die eigenen Werte bewusst und prüfe die Fakten

Was spricht für den Einsatz, was dagegen? Ich fälle das Urteil in Abwägung aller Faktoren. In einem solchen Moment bietet mir ein früheres, sorgfältig ausgearbeitetes, persönliches Leitbild eine unschätzbare Unterstützung. Das Urteil ist zum Aufbau einer Haltung der Zivilcourage wichtig und entsteht in einer Konfliktsituation. Es rechtfertigt das eigene Handeln und dient als Richtschnur für weiteres Handeln. Deswegen dient jeder Konflikt auch der Formung meines Charakters und meiner Authentizität. Er erhält wegweisenden Charakter über den aktuellen Konflikt hinaus.

Ich gebe mir selbst nochmals Rechenschaft

Geht es um meine eigene Rechtfertigung, oder geht es um das Recht oder Leben eines anderen? Ich gewähre mir einen Moment einer inneren Entscheidung, der stärker werden muss als die Macht der eigenen Gefühle. Habe ich meine Gefühle unter Kontrolle?

Ich achte darauf, dass im Augenblick des Handelns die Gefühle kontrolliert werden, damit der Inhalt meines Handelns nicht an Souveränität verliert und ich mich somit angreifbar mache.

Nach allen meinen Überlegungen und allem meinem Abwägen tue ich noch eine Sache: Ich springe!

Ich springe!
Ich versuche, mir einen Ruck zu geben und aus dem Zustand des Abwartens herauszutreten. Ich mache mir bewusst, dass mein Vertrauen in die eigenen Fähigkeiten nur gestärkt werden kann, wenn ich es ausprobiere.

Die Lebensplananalyse – eine Reflexionshilfe für mehr Mut

Für den Aufbruch zum Mut und den zugehörigen kleinen Schritten, der persönlichen Bestandsaufnahme, der Reflexion des Selbstbildes, der Klärung der Vergangenheit und der Entwicklung einer Zukunftsperspektive hat sich in unserer Praxis das Instrument der Lebensplananalyse als sehr hilfreich erwiesen.

Wir stellten fest, dass der Aufbruch zum Mut seinen Ausgangspunkt in der Selbsterkenntnis hat. Die Selbsterkenntnis reicht meistens allein noch nicht aus, weil sie oft am Umsetzungsprozess der erkannten Konsequenzen scheitert. Die Lebensplananalyse folgt einer Logik, die unterschiedliche Dimensionen des Menschseins wie Vergangenheit, Gegenwart und Zukunft, Stärken und Schwächen integriert und dem Einzelnen dabei hilft, die Zukunft aktiv zu gestalten. Sie hilft bei der Gestaltung und Umsetzung der Zukunftspläne wie auch beim Aufarbeiten von Erlebnissen aus der Vergangenheit.

Lebensplananalyse nach Johannes Czwalina

Wer ich bin und was ich kann (1) (5)

Zuerst geht es darum, sich der eigenen Fähigkeiten bewusst zu werden, und es geht um die Überlegungen, wie man diese Talente gezielter wahrnehmen und einsetzen kann. Schreiben Sie alles auf, woran Sie glauben, woran Sie gerne denken, was Sie gut können, was Ihnen wertvoll und wichtig ist, wo Ihre Begabungen und Ressourcen liegen. Was steckt in Ihnen an ererbten Begabungen, an Talenten, an Fähigkeiten, die auch an anderen Mitgliedern und Vorfahren Ihrer Familie zu entdecken sind? Lassen Sie Ihren Gedanken freien Raum, und nehmen Sie sich Zeit für diese Bestandsaufnahme. Danach bewerten Sie die einzelnen Werte mit einem, zwei oder drei Sternchen. Geben Sie den Punkten drei Sternchen, die Sie in Ihrer Zukunft auf keinen Fall vermissen wollen.

Wohin ich möchte (3)

Schreiben Sie alle Punkte heraus, die Sie eben mit drei Sternchen gekennzeichnet haben, und fügen Sie diese auf dem Ast »Wohin ich möchte!« (3) ein. Die vorigen Kapitel haben bei Ihnen bestimmt zahlreiche Ideen geweckt.

Auf diesem Ast schreiben Sie ebenso alle Punkte auf, die Ihnen für Ihre persönliche Zukunft Perspektive geben und unersetzlich sind. Auf diesem Ast ist somit Ihre persönliche Vision aufgelistet. Auf diese Vision müssen Sie alle Aktivitäten Ihres Lebens hin ausrichten. Malen Sie sich ein Bild, wie Sie sich in den nächsten Jahren selbst sehen möchten. Überdenken Sie dabei gründlich Ihre Motive.

Wo ich verletzt wurde (4)

Wer seine Vergangenheit nicht versteht und bewältigt hat, kann sein Heute nicht gestalten und hat Mühe, seine Zukunft zu planen. Auf diesen Ast (4) schreiben Sie alles, was Sie bedrückt und was Sie als momentane Last oder Sorge bezeichnen würden (aktuelle Belastungen, Verletzungen, Schuld, unaufgearbeitete Beziehungen, Minderwertigkeiten, ungeklärte Sachverhalte, Rachegedanken, Defizite aller Art). Welches der aufgelisteten Probleme sollte am dringendsten gelöst werden? Welche Probleme können mittelfristig oder langfristig, vielleicht mithilfe eines anderen Menschen, gelöst werden? Gewichten Sie so auch diese Liste mit einem bis drei Sternchen.

Welche Maßnahmen ich ergreife (2)

Der Ast Nummer 2 stellt den Maßnahmenkatalog dar. Lassen Sie sich auch hier inspirieren von den zahlreichen oben aufgeführten Anregungen kleiner Schritte zu einem mutigeren Leben.

Sofern Ihnen daran gelegen ist, dass sich alle Punkte des Astes Nummer 1, die mit drei Sternchen bewertet wurden, vom Wunsch zur Wirklichkeit wandeln, müssen sie durch die Schleuse des Maßnahmenkatalogs. Für die Erstellung eines Maßnahmenkatalogs empfiehlt sich bisweilen ein Berater, der sowohl in der Gewichtung der einzelnen Maßnahmen als auch in der Auswahl der Maßnahmenkriterien beraten kann.

Ferner sollten in diesem Maßnahmenkatalog auch alle Punkte stehen, die mit drei Sternchen auf dem Ast »Wo wurde ich verletzt?« (Nummer 4) aufgelistet wurden. Viele von diesen retardierenden Punkten können mit entsprechenden Maßnahmen gelöst werden. Alle auf dem Maßnahmenast aufgelisteten Punkte bedürfen wiederum einer Gewichtung nach Priorität. Welche vorwärtsschreitenden und welche wiederherstellenden Maßnahmen gehe ich zuerst an? Welche haben noch Zeit? Diesen Maßnahmenkatalog sollte man oft vor Augen haben und regelmäßig überprüfen und anpassen.

Wie andere durch meine Lebensweise bereichert werden können (6)

Dieser Ast (Nummer 6) lenkt den Blick von einem selbst weg zu anderen Menschen hin und geht von der Überlegung aus, dass

Lebensplananalyse nach Johannes Czwalina, CC Czwalina Consulting AG

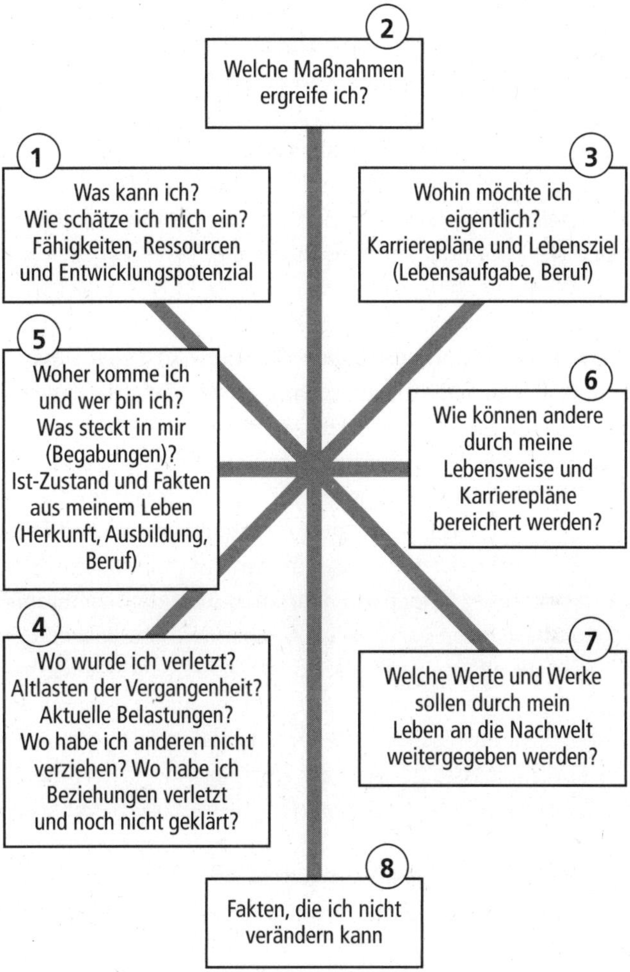

der Aufbruch zum Mut nur dann vollständig ist, wenn die eigenen Talente und Gaben auch anderen Menschen zugute kommen. Hier gilt es, die Aspekte aufzulisten, durch die ich kraft meiner Gaben und Talente anderen dienen kann.

Welche Werte und Werke durch mein Leben an die Nachwelt weitergegeben werden sollen (7)

Wodurch können die Generationen, die uns nachfolgen, von uns profitieren? Von etwas, das bedeutender ist als der Pflichtanteil unseres materiellen Erbes und als materielle Geschenke? Auf diesem Ast können Sie Ihren Beitrag für die Zukunft der Nachwelt auflisten.

Welche Fakten ich nicht verändern kann (8)

Auf diesen Ast (Nummer 8) schreiben Sie die Punkte, die Sie nicht verändern können. Dazu gehören das Lebensalter, unheilbare Behinderungen oder Krankheiten, Körpergröße, Aussehen, Nationalität, Geschlecht, ererbte Begabungen oder Talente.

Sinn der Übung ist die Annahme dessen, was man nicht verändern kann. Das Kontingent an Ausgeglichenheit und Lebensfreude kann erheblich gesteigert werden durch das Annehmen von Personen oder Fakten, die man nicht beeinflussen kann. Beispielsweise die vor über 100 Jahren in Amerika herrschende großen Löwenzahnplage. Aus dieser Zeit erzählt man sich Folgendes:

Ein Farmer schrieb an die zuständige Regierung einen erbosten Brief. Er habe das endlich entwickelte angepriesene Gegenmittel laut Gebrauchsanweisung korrekt angewendet, aber der Löwenzahn wachse fröhlich weiter. Was solle er machen? Er erhielt folgende Antwort: »Wenn Sie wirklich alles getan haben, um den Löwenzahn zu vernichten und er wächst trotzdem fröhlich weiter, dann bleibt Ihnen nur eines: Beginnen Sie den Löwenzahn zu lieben.«

FRAGEN ZUR SELBSTPRÜFUNG

Der folgende Test soll Ihnen als Anregung und Impuls dienen, Ihren inneren Motiven auf die Spur zu kommen – ohne dabei wirklich in die Tiefe gehen zu können

Allgemeine Fragen

- Wann habe ich das letzte Mal Zivilcourage bewiesen?
- Wo befinde ich mich in Gehorsamshaltungen, obwohl ich in der Lage wäre, selbständig zu handeln?
- Habe ich den Mut, für die Wahrheit zu kämpfen?
- Setze ich mich für andere ein, auch wenn es im Moment nicht »opportun« ist?
- Hält mich meine Umgebung für mutig?
- Welchen Gelegenheiten bin ich aus Mangel an Mut aus dem Weg gegangen?
- Was könnte denn schlimmstenfalls passieren, wenn ich widerspreche?
- Vor welchen Autoritäten habe ich Angst?
- Bin ich bereit, trotz Angst einen Konflikt zu riskieren?
- Welche Ängste hindern mich, mutig zu sein? (Aufzählen!)
- Wo werden eigene Lebensentscheidungen von den Eltern abhängig gemacht?
- Gibt es Momente bewusster Hörigkeit, gibt es Momente unbewusster Hörigkeit in meinem Leben, welche sind es?
- Welche Dinge machen mich mutlos?
- Wo und aus welchen Motiven ordne ich mich unter?
- Welche Äußerungen und Forderungen meiner Umgebung lassen mich unfrei werden und geben mir das Gefühl, dass ich nicht eigenständig und frei denken kann?
- Mit welchen Umständen, die ich eigentlich nicht mag, habe ich mich abgefunden?

- Was befürchte ich?
- Welche Menschen machen mir in meinem Leben Mut?
- Wie groß ist meine Bereitschaft, gesellschaftliche oder berufliche Verpflichtungen abzusagen mit Hinweis auf meine Familie?

Authentizität

- Wie wertvoll ist mir meine persönliche innere Freiheit gegenüber meiner sozialen Sicherheit?
- Welche moralischen Werte sind für meine Art von Gehorsam Richtschnur?
- Sorge um den Nächsten, Hilfsbereitschaft, Mut, solidarisches Handeln, Wertschätzung der Mitmenschen, Rücksichtnahme und Verantwortung oder Wunsch, meine Macht auszubauen, vor Sanktionen bewahrt zu bleiben, nicht auffallen zu wollen, Existenzängste, Bedrohungsgefühle, kurz: egoistische Motive. Es ist wichtig, sehr wichtig sogar, die Motive des Gehorsams zu entlarven.
- Welche Meinungen sind mir wichtig?
- Wo herrschen in meinem Leben Regression und Gleichgültigkeit?
- Wo habe ich meine ethischen, ganz persönlichen Grundsätze langsam ausgeschaltet oder verleugnet und auch mein Mitgefühl langsam verloren?
- Kann ich die Gründe dafür benennen?
- Wo habe ich das Gewissen durch Sachzwänge ersetzt?
- Kann ich es aushalten, für eine Überzeugung allein dazustehen?
- Welche mir wichtigen Werte kann ich zurzeit nicht ausleben?
- Wo handle ich gegen meine tiefste Überzeugung?

- Welche Anpassungszwänge kann ich benennen?
- Wie kann ich mein Wertebewusstsein stärken?
- Was hindert mich, so zu handeln, wie ich es möchte?
- Welche Werte sind für mein Leben bedeutsam und welche Werte möchte ich auch durch die Konflikte mit meinem Chef unbedingt bewahren?
- Werden Abhängigkeiten aufrechterhalten, die in der Realität nicht mehr existieren?
- Beruht das Verhalten gegenüber den Eltern auf freier Entscheidung oder auf trotzigem Bedürfnis?
- Wird die elterliche Autorität idealisiert oder stark abgewertet?
- Wird den Eltern damit Macht über mich eingeräumt und ihnen gleichzeitig die Verantwortung übertragen?

Wertschätzung

- Wie habe ich in meiner Kindheit das »Wollen« gelernt? Wurde ich als Kind ernst genommen?
- Konnte ich, auch wenn ich ungehorsam war, mit Verständnis der Eltern rechnen?
- Wurde ich trotzdem angenommen?
- Durfte ich in den Autoritätsbeziehungen bei meinen Eltern eigene Meinungen haben, wurden diese akzeptiert, durfte ich Widerspruch wagen?
- Warum ist es für mich so wichtig, die Zustimmung der Autoritätsperson zu erlangen?
- Warum fängt mein Selbstbild an zu wanken, wenn mein Vorgesetzter mich kritisiert?
- Warum bin ich weniger wert, wenn der Vorgesetzte an mir etwas auszusetzen hat?
- Suchen andere bei mir Schutz und Rat, wenn ihnen Gefahr droht?

VERORDNEN SIE SICH EIN MUT-TRAININGS- UND TEST-PROGRAMM

Bitte kreuzen Sie auf der Skala von A – D an, welche Aussage sie am treffendsten finden.

Beispiel:
Ich bin gerne unter Menschen *A B C D*

Skala

A überhaupt nicht zutreffend
B nicht zutreffend
C ziemlich zutreffend
D sehr zutreffend

Aussagen

1. Ich übernehme gerne wichtige Entscheidungen. A B C D
2. Viele Entscheidungen, die in meinem Umfeld getroffen werden, sind von mir abhängig. A B C D
3. Jeder ist für sich selbst verantwortlich. A B C D
4. Ich habe mich in letzter Zeit für meine Mitmenschen eingesetzt. A B C D
5. Ich erreiche meine Ziele praktisch immer. A B C D
6. Ich passe mich meistens der Mehrheit an. A B C D
7. Ich lasse mich von Menschen beeinflussen, die auch mal etwas riskieren, sogar, wenn sie dabei möglichen negativen Konsequenzen ausgesetzt sind. A B C D
8. Ich denke bewusst über den Umweltschutz nach und trage auch etwas dazu bei. A B C D
9. Auch wenn ich wirklich etwas will, klappt es nie. A B C D

10. Ich kenne meine Stärken und weiß sie einzusetzen. A B C D
11. Es gibt keine feigen Leute, nur Leute, die ihre Sicherheit nicht aufs Spiel setzen wollen. A B C D
12. Ich als einzelner Mensch kann viel bewirken. A B C D
13. Ich würde mein Leben riskieren für andere Menschen. A B C D
14. Ich mische mich nicht in Angelegenheiten anderer ein. A B C D
15. Ich neige dazu, neue Dinge auszuprobieren, ohne zu wissen, ob ich Erfolg damit habe. A B C D
16. Menschen, die in jeder Situation auf Nummer sicher gehen, sind die Klügeren. A B C D
17. Ich äußere meine Meinung, auch wenn dies Folgen hat. A B C D
18. Als Mitglied unserer Gesellschaft trage ich Verantwortung für meine Mitmenschen. A B C D
19. Andere schätzen mich oft als unsicher ein. A B C D

Auswertung meines Mut-Fragebogens

Punkteverteilung:

1. A: 1 B: 2 C: 3 D: 4
2. A: 1 B: 2 C: 3 D: 4
3. A: 4 B: 3 C: 2 D: 1
4. A: 1 B: 2 C: 3 D: 4
5. A: 1 B: 2 C: 3 D: 4
6. A: 4 B: 3 C: 2 D: 1
7. A: 1 B: 2 C: 3 D: 4
8. A: 1 B: 2 C: 3 D: 4

Mutbereich:
Aussage: 7., 12., 13., 15., 16. & 17.
Ihre Punkte: ☐

Selbstvertrauensbereich:
Aussage: 1., 2., 3., 5., 10., 18. & 19.
Ihre Punkte: ☐

Verantwortungsbereich:

9.	A: 4	B: 3	C: 2	D: 1	Aussage: 4., 6., 8., 9., 11. & 14.
10.	A: 1	B: 2	C: 3	D: 4	Ihre Punkte: ☐
11.	A: 4	B: 3	C: 2	D: 1	
12.	A: 1	B: 2	C: 3	D: 4	**Gesamt Ihrer Punkte:** ☐
13.	A: 1	B: 2	C: 3	D: 4	
14.	A: 4	B: 3	C: 2	D: 1	**Minimale Punktzahl *insgesamt*:** 19
15.	A: 1	B: 2	C: 3	D: 4	**Maximale Punktzahl *insgesamt*:** 76
16.	A: 4	B: 3	C: 2	D: 1	
17.	A: 1	B: 2	C: 3	D: 4	Min./Max. *Mut*-Punktzahl: 6/24
18.	A: 1	B: 2	C: 3	D: 4	Min./Max. *Selbstvertrauens*-Punktz.: 7/28
19.	A: 4	B: 3	C: 2	D: 1	Min./ Max. *Verantwortungs*-Punktz.: 6/24

Auswertungsbericht anhand Ihrer Punktzahl zu *Mut*:

6–12: Sie scheinen ein Mensch zu sein, dem die eigene Sicherheit mehr wert ist, als ein Risiko einzugehen. Wagen Sie auch mal etwas!

12-18: Sie scheinen sehr ausgeglichen zu sein. Kompliment! Aber denken Sie daran, wer wagt, der gewinnt!

18-24: Sie sind sehr mutig! Hoffentlich werden Sie für Ihre Courage noch lange belohnt!

Auswertungsbericht anhand Ihrer Punktzahl zu *Selbstvertrauen*:

7–14: Sie sind eher selbstunsicher. Weshalb? Lernen Sie Ihre Stärken kennen und schätzen! Denn Sie haben welche.

14–21: Sie sind auf einem guten Weg. Denken Sie daran, viel Selbstvertrauen heißt nicht, dass Sie arrogant oder eingebildet sind. Ein stabiles Selbstvertrauen ist sehr wichtig für Ihr Wohlbefinden.

21-28: Sie scheinen ein gesundes Selbstvertrauen zu haben. Behalten Sie es bei, und helfen Sie anderen, deren Selbstvertrauen zu steigern.

Auswertungsbericht anhand Ihrer Punktzahl zu *Verantwortung*:

6–12: Sie scheinen nicht sehr verantwortungsbewusst zu sein. Nehmen Sie Ihr Umfeld bewusster wahr! Es gibt immer einen Bereich, wo Ihre Verantwortung Nutzen tragen würde.

12–18: Machen Sie weiter so, dann wird Ihr Umfeld Sie bald noch mehr als verantwortungsbewusste Person wahrnehmen und schätzen.

18–24: Sie sind sich Ihrer Verantwortung für Ihre Umwelt sehr bewusst. Sie sind ein gern gesehener Mensch, dem die Leute vertrauen.

***Allgemeiner* Auswertungsbericht anhand Ihrer Gesamtpunktzahl:**

19–38: Sie machen den Eindruck, als würden Sie sich vor vielen Entscheidungen drücken und oft vor brenzligen Situationen davonlaufen. Sie gehen nicht gerne Risiken ein, da Sie sich zu sehr vor den Folgen fürchten, die möglicherweise auf Sie zukommen könnten. Sie scheinen sich nicht viel im Leben zuzutrauen. Sie glauben zu wenig an sich selbst! Möglicherweise tragen Sie auch aus diesem Grund nicht gerne Verantwortung, weder für Ihre Mitmenschen noch für sich selbst. Versuchen Sie, auch wenn's anfangs schwer fällt, sich unangenehmen Situationen zu stellen. Denken Sie auch darüber nach, was Ihr Umfeld sich vielleicht von Ihnen wünschen könnte. Seien Sie ehrlich zu sich selbst, nehmen Sie Ihr Leben selbst in die Hand, und machen Sie sich für andere stark. Sie werden gebraucht!!!

39–57: Sie befinden sich in der goldenen Mitte. Wollen Sie das wirklich? Sie sind etwas mutig, aber nicht risikofreudig. Sie übernehmen Verantwortung, aber nur, solange es keine Unannehmlichkeiten bereitet. Sie haben genug Selbstvertrauen, aber wenn es darauf ankommt, kneifen Sie. Mit

Ihren Qualitäten und Ihrem Engagement können Sie viel mehr erreichen, als Sie es von sich glauben. Man verlangt nicht von Ihnen, dass Sie leichtsinnige Entscheidungen treffen. Aber seien Sie sich klar darüber, dass etwas mehr Courage und mehr Selbstvertrauen Ihnen manche Türen öffnen und Ihnen auf längere Sicht ein besseres Wohlbefinden bereiten. Ihr Umfeld wird es schätzen.

58–76: Bei Ihnen scheint alles zu klappen. Sie haben Ihre Prioritäten weise gewählt. Sie sind sich Ihrer Verantwortung für Ihre Mitmenschen bewusst und versuchen auch der Umwelt Gutes zu tun. Ihr Selbstvertrauen ist stabil, denn Sie stehen mit beiden Füßen auf dem Boden. Dadurch fühlen Sie sich sehr wohl in Ihrer Haut und sind auch bereit, mal etwas zu wagen. Wenn Sie tatsächlich die gesunde Balance zwischen Verantwortung, Mut und Selbstvertrauen aufweisen, dann kann Ihr Umfeld Sie wirklich nur bewundern. Nutzen Sie dies nicht aus, sondern versuchen Sie, Ihren Mitmenschen stets ein gutes Vorbild zu sein. Aber vergessen Sie sich dabei selbst nicht. Nur jemand, der sich auch mal Zeit für sich selbst nimmt, kann anderen helfen und die nötige Kraft dafür schöpfen.

Schlusswort

»Es kommt auf unsere Taten an, unabhängig davon, ob wir siegreich sind oder untergehen, ob wir anerkannt, uns applaudiert wird oder wir verachtet werden.« Trotz unserer Unvollkommenheit sollte uns eine Haltung der Wahrhaftigkeit zu uns selbst wichtiger sein als jegliche Anerkennung.

Welche Faktoren müssen wir lernen für mutiges Handeln? Integrität, Barmherzigkeit, Gerechtigkeit, Suche nach einem Leben in der Wahrheit, Frage nach dem Sinn.

Bei Menschen, die ich als mutig kennengelernt habe, waren nie alle Faktoren beieinander, die eigentlich einen Helden der klassischen Zeit ausmachen. Es fehlte einigen an Klugheit, anderen fehlte es an Standhaftigkeit.

Die vielen kleinen Helden bleiben heute unsichtbar, und das hängt damit zusammen, dass die »Zuschauer« die Geschichte nicht als so dramatisch erleben, dass sie aufgrund ihrer eigenen Erfahrung das Bedürfnis verspüren, einzelne Akteure zu Helden zu stilisieren. Wir leben in einer Zeit, in der es in 99 Prozent der Fälle nur noch die stillen Helden gibt und die Frage an uns: Wollen wir das? Können wir das? Auf jeden Fall brauchen wir das.

»Die vernünftigen Menschen passen sich der Welt an – die unvernünftigen versuchen, sie zu verändern. Deshalb hängt aller Fortschritt von den Unvernünftigen ab.«

George Bernhard Shaw

Literaturhinweise

Arendt, Hannah, Elemente und Ursprünge totaler Herrschaft, München, 1986.

Arendt, Hannah, Vita Activa oder vom tätigen Leben, München, 1981.

Arendt, Hannah, Ziviler Ungehorsam, in: Hannah Arendt, Zur Zeit. Politische Essays, herausgegeben von Marieluise Knott, Berlin, 1986.

Arnsberg, Paul, Zivilcourage zum Widerstand. Beiträge zum Verhältnis von Deutschen, Juden, Israelis.

Bastian, Till, Zivilcourage. Von der Banalität des Guten, Berlin, 1996.

Becker, Wilhard, Du kannst deine Wut in Stärke verwandeln, Lahr, 1995, 6. Auflage.

Behrenbeck, Sabine, Der Kult um die toten Helden. Nationalsozialistische Mythen. Mythen und Symbole 1923-1945, Vierow, 1996.

Chang, Jung; Halliday, Jon, MAO, Das Leben eines Mannes, Das Schicksal eines Volkes, München, 2007.

Dietz, Simone, Die Bürgerlichkeit der Vernunft: Orientierung durch Zivilcourage. In: Sich im Denken orientieren. Für Herbert Schnädelbach. Herausgegeben von Simone Dietz u. a., Frankfurt, 1996.

Egger, Richard, Mut – Kardinaltugend der Menschenführung, Zürich, 2007.

Folgmann, Eva, Wir waren keine Helden: Lebensretter im Angesicht des Holocaust, Frankfurt, 1995.

Forward, Susan, Endlich erwachsen werden, in: Psychologie heute, 1990, 9.

Fromm, Erich, Die Seele des Menschen, Frankfurt, 1964.

Fromm, Erich, Haben oder Sein, München, 27. Aufl., 1999.

Fromm, Erich, Authentisch leben, Freiburg im Breisgau, 2000.

Ghandi, Mahatma, Worte des Friedens, Freiburg, 1986.

Gräfin von Döhnhoff, Marion, Um der Ehre willen. Erinnerungen an die Freunde vom 20. Juli, Berlin, 1994.

Gruen, Arno, Der Verlust des Mitgefühls. Über die Politik der Gleichgültigkeit, München, 1997.

Hahne, Peter, Mut für ein neues Jahrtausend, Lahr, 1998.

Handbuch für Zivilcourage, Gesicht zeigen, Frankfurt/Main, 2001.

Hartung, Klaus, Zivilcourage als Ziel, Die Zeit, 1991, S. 26.

Havel, Vaclav, Versuch, in der Wahrheit zu leben. Von der Macht der Ohnmächtigen, Reinbek, 1980.

Herzog, Roman, Mut zur Erneuerung, Berlin, 2000.

Heuer, Wolfgang, Couragiertes Handeln, Lüneburg, 2002.

Hybels, Billy, Bekehre nicht, lebe! So wird Ihr Christsein ansteckend, Wiesbaden, 1995.

Keneally, Thomas, Schindlers Liste, München, 1983.

Kennedy, John F., Zivilcourage, Düsseldorf/Wien, 1992.

Knoblauch, Heinz, Der beherzte Reviervorsteher. Ungewöhnliche Zivilcourage am Hacke'schen Markt, Berlin, 1993.

Köster, Magdalena, Gegen Power. Zivilcourage, Mut & Engagement, München, 2001.

Langenscheidt, Florian, 100 x Mut. Beispielhaftes für das dritte Jahrtausend, München, 1999.

Lehmann, Karl Kardinal, Mut zum Umdenken. Klare Positionen in schwieriger Zeit, Freiburg im Breisgau, 2002.

Lünse, Dieter; Rohwedder, Jörg; Baisch, Volker, Zivilcourage. Anleitung zum kreativen Umgang mit Konflikten und Gewalt, Münster, 1995.

Margalit, Avishai, Politik der Würde. Über Achtung und Verachtung. Frankfurt am Main, 1997.

Meyer, Gerd; Hermann, Angela, »Normalerweise hätt' da schon jemand eingreifen müssen.« Zivilcourage im Alltag von Berufsschülerinnen. Eine Pilotstudie, Schwallbach/Taunus, 1999.

Meiche, Rosemarie; Geiger, Helmut, Anstiftung zur Zivilcourage in Wirtschaft, Justiz, Schule und Kirche, Talheim, 2000.

Montessori, Maria, Kinder sind anders, Stuttgart, 9. Aufl., 1971.

Parin, Paul, Ziviler Ungehorsam: Der psychoanalytische Gesichtspunkt. In: Komitee für Grundrechte und Demokratie (Hrsg.), Jahrbuch 1987. Sensbachtal, Repr. 1988.

Poppinga, Anneliese, Das Wichtigste ist der Mut. Konrad Adenauer – die letzten fünf Kanzlerjahre, Berg.-Gladb.,1994.

Richter, Christian, Der authentische Manager. Wie Sie glaubwürdig führen, Vertrauen schaffen und mehr erreichen, Frankfurt/Main, 2004.

Schoenaker, Theo, Mut tut gut, Sinntal, 2002.

Schultz, Hans Jürgen, Sie haben nicht geschwiegen. Erinnerungen an unbequeme Mahner, Leipzig, 2002.

Schwan, Gesine, Politik und Schuld: Die zerstörerische Macht des Schweigens, Frankfurt am Main, 1997.

Singer, Kurt, Zivilcourage wagen. Wie man lernt, sich einzumischen, München, 1992.

Van Buitenen, Paul, Unbestechlich für Europa, ein EU-Beamter kämpft gegen Misswirtschaft und Korruption, Basel, 1999.

Wenzel, Adolf, Zivilcourage im Öffentlichen Dienst, München u. Wien, 1955.

Witte, Erich H., Konformität. In: Frey, Dieter (Hrsg.), Sozialpsychologie. Ein Handbuch in Schlüsselbegriffen. München/ Weinheim, 1987, S. 209–213.

Endnoten

1 Adenauer, Konrad, Briefe 1945–1947, Röhndorfer Ausgabe, Berlin 1983, S. 172 f.
2 Das politische Erbe der Renaissance, Ricordi, Francesco Guicciardini, Bern 1946, S. 42.
3 Die Bürgerlichkeit der Vernunft, Simone Dietz, Frankfurt am Main 1996.
4 Vgl. Wikipedia: »Zivilcourage«.
5 Laotse.
6 Duden – Fremdwörterbuch, Mannheim 1990, S. 828.
7 Zivilcourage, von der Banalität des Guten, Till Bastian, Berlin 1996.
8 Singer, Kurt, Zivilcourage wagen. Wie man lernt, sich einzumischen, München 1992.
9 Zivilcourage, John F. Kennedy, Wien 1960.
10 Goethe, Johann Wolfgang, 1749 – 1832.
11 Fassbinder, Rainer Werner, 1945 – 1982.
12 Duden – Fremdwörterbuch, Mannheim 1990, S. 828.
13 Archiv für Rechts-Sozialphilosophie: Über die Tapferkeit des Herzens, Arthur Kaufmann, Wiesbaden 1991, S. 5.
14 Bonhoeffer, Emmi, Bewegende Zeugnisse eines mutigen Lebens, Rowohlt, Reinbek bei Hamburg, 2004.
15 De Pury, David; Hauser, Heinz; Schmid, Beat, Mut zum Aufbruch – eine wirtschaftspolitische Agenda für die Schweiz, Zürich 1995.
16 Denn Du trägst meinen Namen. Das schwere Erbe der prominenten Nazi-Kinder, Norbert und Stephan Lebert, München 2000, S. 194ff.

17 Aus Dokument Nr. Mat. 17.6, Gedenkstätte Deutscher Widerstand, Berlin 7/97/4.
18 Zivilcourage: Ein Fremdwort, H. Domin, 1983 Schunk/Walter (Hrsg.).
19 Der deutsche Untertanengeist, Hoffmann von Fallersleben, Berlin 1848.
20 Zivilcourage – Wer sich einmischt, stärkt sein Ego. Egonet.de, Ausgabe 05/1999. http://egonet.de/ego/0599/art2.htm (24.1. 2008).
21 Psychologisches Phänomen, bei dem die Wahrscheinlichkeit sinkt, dass jemand in einer Notfallsituation Hilfe leistet, wenn andere Leute anwesend sind.
22 Zivilcourage – Wer sich einmischt, stärkt sein Ego. Egonet.de, Ausgabe 05/1999. http://egonet.de/ego/0599/art2.htm (24.1. 2008).
23 »Abgleiten in die Barbarei«, Interview im SPIEGEL, Nr. 32, 2001.
24 Dr. Richard Osswald, 1917–2003, Personalvorstand Daimler-Benz AG/a.D., in einem persönlichen Gespräch mit dem Autor im Oktober 1998.
25 Niemandsland, Alexander Schieffer, Weimarer Schiller-Presse 2007.
26 Zitiert aus einer gemeinsamen Fernsehdiskussion im SFR 2004.
27 Vgl. Eberhard Bethge: Stationen auf dem Weg zur Freiheit, Dietrich Bonhoeffer, Rowohlt, Reinbek bei Hamburg, 1976, S. 96.
28 Nachtmarsch, Rich Cohen, Fischer-Taschenbuch-Verlag, Frankfurt am Main, März 2002.
29 Zivilcourage, John F. Kennedy, Wien 1960.
30 Zivilcourage, in Deutschland ein Fremdwort?, Ulrich Beer, Beitrag im Buch: Anstiftung zur Zivilcourage, Rosemarie Meiche und Helmut Geiger, Talheim 2000.
31 Wikipedia, Artikel »Habitus«, http://de.wikipedia.org/wiki/Habitus (24.01.2008).

32 Die Seele des Menschen, Erich Fromm, Frankfurt 1964, S. 253.
33 Zivilcourage: Couragiertes Handeln, Wolfgang Heuer, Lüneburg 2002.
34 Zitiert aus: Anschauliches Denken, Rudolf Arnheim, Köln 1972, S. 258.
35 Nikomachische Ethik, Aristoteles, Rowohlt, Reinbek bei Hamburg, 2006.
36 Kurt Singer, Zivilcourage wagen, Reinhardt, 3. überarb. Auflage, München 2003, S. 25.
37 Vlg. hierzu auch: Zivilcourage im Öffentlichen Dienst, Alfons Wenzel, Olzog, München/Wien 1965.
38 Vgl. auch: The Origins of Caring, Helping and Non Aggression: Parental Socialisations, the Family Systems, Schools, and Cultural influence, Ervin Staub, in: Embracing the Other. Philosophical, Psychological and Historical Perspectives on Altruism, Pearl M. Olainer (Hrsg.), New York University Press, New York 1992.
39 Zivilcourage, John F. Kennedy, Wien 1960.
40 Erich Kästner.
41 Adenauer, Konrad, Briefe 1945–1947, Röhndorfer Ausgabe, Berlin 1983, S. 172f.
42 Tuchel, Johannes & Steinbach, Peter, Widerstand gegen den Nationalsozialismus, Akademie-Verlag, Berlin 1984.
43 Albert Einstein.
44 Denn Du trägst meinen Namen. Das schwere Erbe der prominenten Nazi-Kinder, Norbert und Stephan Lebert, München 2000.
45 Demokrit, griech. Philosoph.
46 Schweizer Sonntagszeitung, der Fall Berlusconi, 7. April 2002, S.19.
47 Spiegel 28/2002, Gier ohne Grenzen, S. 84-99.
48 »Reportagen unter dem Strang«, Haftaufzeichnung aus dem Frühjahr, Julius Fucik, 1943, geb. 23. Februar 1903 in Prag, ermordet am 8. Sept. 1943 in Berlin Plötzensee.

49 Kurt Singer, Zivilcourage wagen, Reinhardt, 3. überarb. Auflage, München 2003, S. 25.
50 Worte des Friedens, Ghandi, Freiburg 1986, S. 123.
51 Schweizer Sonntagszeitung, 7. April 2002, S. 19.
52 »Macht macht bitter und krank«, Interview mit Mario Erdheim, Frankfurter Allgemeine Sonntagszeitung, 30.7.06, Nr. 30, 27.
53 Gross, Werner (Hrsg.), Karriere(n) 2010. Chancen, seelische Kosten und Risiken des beruflichen Aufstiegs im neuen Jahrtausend. Bonn, Deutscher Psychologen Verlag, 2005.
54 Vgl. Czwalina/Walker: Karriere ohne Sinn? Resch, Gräfeling 1997.
55 Kirchner, Baldur: Benedikt für Manager, Gabler-Verlag, Wiesbaden 1994.
56 Staehelin, Balthasar: Urvertrauen und zweite Wirklichkeit, Theologischer Verlag, Zürich 1973; Jung, C.G.: Haben und Sein, Theologischer Verlag, Zürich 1969; Staehelin, Balthasar: Die psychosomatische Basistherapie, Moser-Verlag, Schlattingen 1985.
57 Staehelin, Balthasar: Der psychosomatische Christus, Novalis-Verlag, Schaffhausen 1980, S. 88.
58 Kirchner, Baldur: Benedikt für Manager, Gabler-Verlag, Wiesbaden 1994, S. 24.
59 Staehelin, Balthasar: Die psychosomatische Basistherapie. Moser-Verlag, Schlattingen 1985, S. 75/76.
60 Kirchner, Baldur: Benedikt für Manager, Gabler-Verlag, Wiesbaden 1994. S. 24 ff.
61 Gefährliche Geliebte, Haruki Murukami, japanischer Schriftsteller, 1990.
62 Die Frau vom Checkpoint Charlie, Ines Veith, Knaur 2006.
63 Schulz von Thun, S. 123, 1981.
64 Blaise Pascal, Pensèes, Nr. 347.
65 Klaus Klages (1938), deutscher Philosoph.
66 Voltaire.

67 Allgemeine Staatslehre, Zipelius, 12. Auflage 1994.
68 Zeitgeist und Recht, Thomas Würtenberger, Mohr Siebeck, 2. Auflage, Tübingen 1991, S. 11.
69 Neil Postman, Amusing Ourselves to Death. Public Discourse in the age of Show Business, 1985 bei Viking-Penguin, Inc. (Elisabeth Sifton Books, New York).
70 Authentisch leben, Erich Fromm, Herder 2000, 5. Auflage, S. 150.
71 Vgl. Eberhard Bethge: Widerstand und Ergebung, Dietrich Bonhoeffer, Rowohlt, Reinbek bei Hamburg, 1976, S. 96. Unmittelbar nach dem Misslingen des 20. Juli 1944 geschrieben.
72 Vortrag bei IVCG, Basel 1997.
73 Vorbild mit Visionen, in: Q-Magazin 4/95, Schmidt, Arthur, P.: Alfred Herrhausen, S. 18.
74 Götzendämmerung, Sprüche und Pfeile, 41, in: Kritische Studienausgabe, Friedrich Nietzsche, Band 6, München 1988, S. 65 ff.
75 Authentisch leben, Erich Fromm, Herder 2000, Freiburg, 5. Auflage, S. 48.
76 Authentisch leben, Erich Fromm, Herder 2000, Freiburg, 5. Auflage, S. 62.
77 Authentisch leben, Erich Fromm, Herder-Verlag, Freiburg im Breisgau 2000, 5. Auflage, S. 155.
78 Spiegel, Nr. 32, 2001, »Abgleiten in die Barbarei«, Interview.
79 Mut tut gut, Schoenaker, Theo Rdi-Verlag, Bocholt 2002.
80 Authentisch leben, Erich Fromm, Herder 2000, Freiburg, 5. Auflage, S. 17.
81 Politik der Würde – über Achtung und Verachtung, Avishai Margalit, Alexander Fest-Verlag, Berlin 1997, S. 72.
82 Hebbel, Friedrich, deutscher Dichter.
83 Die Bibel, Matthäus 7,1–5: Richtet nicht, damit ihr nicht gerichtet werdet! Denn wie ihr richtet, so werdet ihr gerichtet werden, und nach dem Maß, mit dem ihr messt und zuteilt, wird euch zugeteilt werden. Warum siehst du den Splitter im

Auge deines Bruders und den Balken in deinem Auge bemerkst du nicht? Wie kannst du zu deinem Bruder sagen: Lass mich den Splitter aus deinem Auge herausziehen – und dabei steckt in deinem Auge ein Balken? Du Heuchler! Zieh zuerst den Balken aus deinem Auge, dann kannst du versuchen, den Splitter aus dem Auge deines Bruders herauszuziehen.

84 Kurt Singer, Zivilcourage wagen, Reinhardt, München 1992, S. 140.

88 Kurt Singer, Zivilcourage wagen, München 1992, S. 140.